电商
这么玩
最赚钱

闫 岩◎编著

台海出版社

图书在版编目(CIP)数据

电商这么玩最赚钱 / 闫岩编著.—北京:台海

出版社,2015.12

ISBN 978-7-5168-0809-2

Ⅰ.①电… Ⅱ.①闫… Ⅲ.①电子商务–商业经营

Ⅳ.①F713.36

中国版本图书馆 CIP 数据核字(2015)第 318958 号

电商这么玩最赚钱

编　　著:闫　岩

责任编辑:刘　峰

装帧设计:天下书装　　　　　版式设计:通联图文

责任校对:吕彩云　　　　　　责任印制:蔡　旭

出版发行:台海出版社

地　址:北京市朝阳区劲松南路 1 号，　邮政编码：100021

电　话:010-64041652(发行,邮购)

传　真:010-84045799(总编室)

网　址:www.taimeng.org.cn/thcbs/default.htm

E-mail:thcbs@126.com

经　销:全国各地新华书店

印　刷:北京柯蓝博泰印务有限公司

本书如有破损、缺页、装订错误,请与本社联系调换

开　本:710mm×1000 mm　　　　　1/16

字　数:180 千字　　　　　　　印　张:15.5

版　次:2016 年 4 月第 1 版　　　印　次:2016 年 4 月第 1 次印刷

书　号:ISBN 978-7-5168-0809-2

定　价:35.00 元

前 言
PREFACE

1

当万千商品被小小的屏幕一网打尽；

当电脑前的手指代替了逛街的脚步；

当快递员的车轮免去了购物时的舟车劳顿……

人类延续几千年的商业行为正在发生着前所未有的改变——

互联网，正在构建起一个新的商业世界。

电子商务，正在开启一个新的商业时代。

2

比尔·盖茨曾说过："21世纪要么电子商务，要么无商可务。"在这个一切皆电子商务的时代，人类数千年来的商业行为被颠覆，人们的购物方式、消费方式和生活方式也随之发生了前所未有的改变，我们主动或被动地步入了一个被电商颠覆的时代。

消费力上升，庞大的市场规模吸引着来自全球的商家。当进入一个商业、服务业快速发展的年代时，我们发现，电子商务远不像我们想象中的那么轻盈、那么优雅。电商之间的物流战、价格战此起彼伏、血流漂橹。它的激烈、它的惨烈，毫不逊色于人类商业史上的任何一场战争。

互联网在改造我们思维和生活的同时，电子商务作为互联网经济的核心形态，正以前所未有的姿态向所有商业活动发起摧枯拉朽式的猛烈攻击。

电商理念还未完全扭转，缺乏既懂传统行业又具备电商操盘能力的团队和人才，传统经销商等渠道的产品及价格冲突和制约、传统终端网点布局需要瘦身和优化，供应链及决策体系冗长，大批量采购生产与电商产品时尚及个性化生产的冲突……

同时，面对传统品牌企业携资本的纷纷触网，大平台的流量及资源进一步向传统大品牌集中，电商格局及洗牌将加速，洗牌后电商格局将重新调整，不能适应及转变，没有造血功能和核心价值，不能快速迎合发展的电商企业将难逃厄运并快速销声匿迹，传统品牌对网购品牌的逆袭围剿将更加猛烈，将进一步冲击网购品牌并进入深度洗牌和格局调整，一大部分网购品牌将被购并、转型及消失，而部分定位清晰、具备深度个性风格、具备一定综合实力和创新力的网购品牌将脱颖而出，甚至个别品牌在资本的推动下获得上市的机会。

电商模式下，传统行业将何去何从？它们的创造力与执行力又在哪里？

3

任何的商业模式和行为都要最终回归商业本质，电商将从价格战、粗犷式经营发展为精细化运作，实力竞争趋势明显，企业开始比基本功、团队运营、盈利能力、商品设计制造工艺、供应链、品牌质量、渠道掌控能力、资金实力，客户服务体验实力。说到底，未来的电商竞争，是一个品牌企业综合实力、体系化的竞争，是一场比拼实力、耐力、创新力、执行力、运营力的马拉松式的博弈战争，对于更多的中小商家来说，比的是在更加细分的领域谁做得更深、更透、更长久。

严格意义来讲，电商的发展和竞争，是一个比拼综合实力、综合素质的竞争，到最后都必须回归商业本质。以消费者需求为中心，做好产品、服务体验、供应链整合管理，创造更多的超出消费者需求预期的增值服务，做好线上线下融合，做好电商一体化经营，为消费者真正提供系统化的需求服务解决方案才是正道！

渠道永远不会消失，淘品牌也不会消失，市场永远会遵循二八原理，永远是20%的优秀企业和淘品牌会生存下来，因此，应该用辩证的角度来看问题，不能走极端。只有转变思维和观念，转型才能成功。

本书是企业成长的必备参考书，系统阐述和解读在电商模式下，不同行业所面临的现状及应对策略，深入浅出，通俗易懂，适合面临向互联网转型的传统行业从业人员研读。

目 录
CONTENTS

第一章

电子商务，开启新的商业时代

关于电子商务的各种阐述

对于什么是电子商务，不同的人会作出不同的定义，因为电子商务这一概念自产生起，就没有一个统一的定义，各国政府、学者、企业界人士都根据自己所处的地位和对电子商务的参与程度，从各自的角度提出了对电子商务的认识，因而今天人们可以看到关于电子商务的各种阐述。

先来看以下简单的情境，理解什么是电子商务。

一位母亲通过Internet查看了十几个在线鲜花供应商后，选择了喜爱的一家，订了一束鲜花准备作为生日礼物送给她的儿子，她的儿子此时正在地球的另一端讲学。生日的前一天，她的儿子收到了这位供应商送来的母亲给他的礼物。

一对夫妇正在制订度假计划，他们从网上找到一家旅行社。通过一种交互式系统，这对夫妇查看了目的地的航班时间，其中有多种选择方案。几分钟后，他们选择了一个行程并预订了机票，第二天他们就收到了机票。

一天晚上，一个科研小组已经工作很晚了，他们从网上找到了一家当地的送餐公司，然后查看了几家餐厅的网上菜单，从中预订了几种食物。一个小时之内，他们就吃到了所订的食物。注意：这里是来自多家餐厅的食物。

一位刚毕业的大学生找到了一份高薪工作，他做梦都想买一辆跑车。于是，他上网发现了一个提供汽车销售信息的虚拟企业，它所提供的信息包括汽车的性能、型号、出厂年份、价格、汽车的照片、汽车销售商的地址。他花了一些时间查看这些信息后，最终选择了最满意的一辆跑车——梦想变成了现实。

上述情境都是通过Internet进行的交易活动。这种交易活动打破了时间、地理的限制，为交易的双方带来了好处，这就是人们生活中的电子商务。

下面，将较有代表性的一些定义作一汇集，比较这些定义，有助于全面理解和认识电子商务。

从各种角度审视电子商务

到目前为止，对于电子商务 (Electronic Commerce或Electronic Business)，不同的人强调不同的侧面。

（1）从通信角度看，电子商务是在Internet上传递信息、产品/服务或进行支付。

（2）从服务的角度看，电子商务是一个工具，它能满足企业、消费者、管理者的愿望——在提高产品质量和加快产品/服务交付速度的同

时降低服务的成本。

（3）从在线的角度看，电子商务提供了通过Internet的销售信息、产品、服务。

（4）从企业经营的微观角度看，电子商务是通过Internet支持企业的交易活动，即产品或服务的买卖。

（5）从企业经营的宏观角度看，电子商务是基于Internet支持企业经营的产、供、销、人事、财务等全部活动的自动化。

以上的观点都是正确的，只不过是从不同的角度来审视电子商务。总而言之，电子商务强调创造新的商机，以较少的投入获得较高的回报，创造商业价值。

政府和国际性组织的定义

欧洲议会给出的关于"电子商务"的定义是：电子商务是通过电子方式进行的商务活动，它通过电子方式处理和传递数据，包括文本、声音和图像。电子商务涉及许多方面的活动，包括货物电子贸易和服务、在线数据传递、电子资金划拨、电子证券交易、电子货运单证、商业拍卖、合作设计和工程、在线资料、公共产品获得。它包括了产品（如消费品、专门设备）和服务（如信息服务、金融和法律服务）、传统活动（如健身、教育）和新型活动（如虚拟购物、虚拟训练）。

美国政府在其《全球电子商务纲要》中比较笼统地指出："电子商务是指通过Internet进行的各项商务活动，包括广告、交易、支付、服务等活动，全球电子商务将会涉及全球各国。"

经济合作和发展组织（OECD）是较早对电子商务进行系统研究的机构，它将电子商务定义为：电子商务是利用电子化手段从事的商业活动，它基于电子数据处理和信息技术，如文本、声音和图像等数据传输。其主要是遵循TCP/IP协议、通信传输标准，遵循Web信息交换标准，提供安全保密技术。

世界贸易组织电子商务专题报告中指出，电子商务就是通过电信网络进行的生产、营销、销售和流通活动，它不仅指基于Internet上的交易，而且指所有利用电子信息技术来解决问题、降低成本、增加价值和创造商机的商务活动，包括通过网络实现从原材料查询、采购、产品展示、订购到出品、储运及电子支付等一系列的贸易活动。

全球信息基础设施委员会（GIIC）电子商务工作委员会报告草案中指出：电子商务是运用电子通信作为手段的经济活动，通过这种方式人们可以对产品和服务进行宣传、购买和结算。这种交易的方式不受地理位置、资金多少或零售渠道的所有权影响，公有私有企业、公司、政府组织、各种社会团体、一般公民、企业家都能自由地参加广泛的经济活动，其中包括农业、林业、渔业、工业、私营和政府的服务业。电子商务能使产品在世界范围内交易并向消费者提供多种多样的选择。

IT行业对电子商务的定义

IT行业是电子商务的直接设计者和设备的直接制造者。许多公司根据自己的技术特点给出了电子商务的定义。

（1）IBM公司对电子商务（EBusiness，EB）概念的定义。

IBM公司认为，电子商务包括企业内部网、企业外部网和电子商务三个部分，它所强调的是在网络计算环境下的商业化应用，不仅仅是硬件和软件的结合，也不仅仅是通常意义下强调交易的狭义的电子商务，而是把买方、卖方、厂商及其合作伙伴在Internet、Intranet和Extranet结合起来的应用。它同时强调这三部分是有层次的：只有先建立良好的Intranet，建立比较完善的标准和各种信息基础设施，才能顺利扩展到Extranet，最后扩展到ECommerce（电子商务）。

（2）通用电气公司（GE）对电子商务的定义。

通用电气公司认为，电子商务是通过电子方式进行商业交易，分为企业间电子商务和企业与消费者之间的电子商务。

①企业间电子商务：以电子数据交换（Electronic Data Interchange，EDI）为核心技术，以增值网（VAN）和互联网为手段，实现企业间业务流程的电子化，配合企业内部的电子化生产管理系统，提高企业从生产、库存到流通（包括物资和资金）各个环节的效率。

②企业与消费者之间的电子商务：以Internet为主要服务提供手段，实现公众消费和服务提供方式及相关的付款方式的电子化。

（3）英特尔（Intel）公司关于电子商务的定义。

英特尔公司认为，电子商务（EBusiness）是基于网络连接的不同计算机间建立的商业运作体系，是利用Internet/Intranet网络来使商务运作电子化。电子贸易（ECommerce）是电子商务的一部分，是企业与企业之间或企业与消费者之间，使用Internet所进行的商业交易（如广告宣传、商品订购、付款、售后服务等）。也就是说，电子商务=电子化市场+电子化交易+电子化服务。

（4）惠普（HP）公司对电子商务、电子业务、电子消费的定义

①对电子商务（ECommerce）的定义是：通过电子化手段来完成商业贸易活动的一种方式，电子商务使人们能够以电子交易为手段完成物品和服务等价值的交换，是商家和客户之间的联系纽带。它包括两种基本形式：商家之间的电子商务及商家与最终消费者之间的电子商务。

②对电子业务（EBusiness）的定义：一种新型的业务开展手段，通过基于Internet的信息结构，使公司、供应商、合作伙伴和客户之间，利用电子业务共享信息，电子业务不仅能够有效地增强现有业务进程的实施，而且能够对市场等动态因素作出快速反应并及时调整当前业务进程。更重要的是，电子业务本身也为企业创造出了更多、更新的业务运作模式。

③对电子消费（EConsumer）的定义：人们使用信息技术进行娱乐、

学习、工作、购物等一系列活动，使家庭的娱乐方式越来越多地从传统电视向Internet转变。

电子商务基本模式

电子商务模式种类繁多，一般也不限于一种模式，而是多种并用。以下五种模式为基本模式。

一、集市模式（C2C）

中国集市模式的首创是易趣（eBay），但是一来由于易趣的安付通在当时还没有出现，需要依赖网银，所以支付方式十分不便；二来由于易趣采用的是客服咨询IM，有效地分离了买卖双方的联系通道，所以在当时QQ还没有大规模扩张、SNS还没有完善的情况，易趣的做法使得买家和卖家完全依赖于易趣集市平台。但是2003年，阿里巴巴建立淘宝，淘宝进军集市和拍卖这两个易趣的基本业务，易趣随之遭遇支付宝、淘宝旺旺、淘宝网三方面的压力。由于易趣当时的控股权掌握在美国人的手里，不走本土化，走的是美国化，最后终于在2006年、2007年淘宝易趣大战中一败涂地。TOM接手易趣，但是此时淘宝已经强大，TOM员工不善于电子商务，易趣员工则已经变成了僵尸员工，易趣已经无力回天了。2006年淘宝3年免费期限到期，宣布招财进宝计划，这时，腾讯旗下拍拍正式成立，在阿里扫平了易趣在中国的集市力量之后，拍拍也上线集市和拍卖了。螳螂捕蝉黄雀在后，拍拍在淘宝推出招财进宝之时发难，宣布拍拍免费，这使得淘宝网招财进宝计划流产，并且3年免费之后还是免费。

2008年，百度推出有啊集市拍卖平台。2009—2010年，中国四大平台并立，易趣、淘宝、拍拍、有啊成为四大C2C平台。但是易趣这时已经病入膏肓，流量大量流失，卖家纷纷撤离，最终到2011年连一个普通的小商城的流量都不如了，有啊因为耗费巨大，也在2011年撤出集市。至此真正在中国占有市场的只有淘宝和拍拍。

二、商城模式（B2C）

淘宝网推出淘宝商城，并且正式推出独立域名，大小企业可以缴纳担保金，进驻商城，在淘宝的宝贝搜索中，前几位的一般都是为商城预留的。腾讯也按照阿里的模式在拍拍的基础上衍生出来QQ商城，目前淘宝商城位居商城模式的第一位，QQ商城在拍拍商品搜索中也为QQ商城预留了不少位置。另外比较有实力的B2C商城就是当当商城，当当的店铺商家也有不少。2011年淘宝商城事件中，QQ商城和当当商城发力招揽小商家。另外，我的网店平台推出独立网店模式也很有竞争力。目前平台店铺模式（B2C）中在中国占有市场的是淘宝商城、QQ商城、当当商城、1号店和我的网店。

三、网购模式（B2C）

和店铺商城模式不同，平台商城模式是由商家托管商品给网站运营方进行销售的。比如京东商城、阿里巴巴、QQ网购、卓越网、当当网、麦考林、东方ocj购物、1号店等。这其中包括批发、单独购物、综合购物等。

四、团购模式（B2C）

团购模式也是由商家将商品托管给平台的模式。该模式目前十分火热，但是弊端很多，商品质量参差不齐。目前主流团购导航有团800、360团购导航、有道团购导航。比较有名的团购网站有美团、拉手、窝窝、58团购、24券、F团、满座团、嘀嗒团、糯米团、去哪儿团、QQ团购、聚划算等。目前独立团购网站虽然红火，但是笔者预测，除了糯米、去哪儿这样的有千橡或者百度支撑的团购网站之外，其他可

以存活的网站估计都是依靠其他电商平台和团购导航进行低价策略而存活的。

五、独立站点（B2B2C）

B2B2C就是B2B+B2C。独立网站比较有名的程序有淘里淘外、ShopEx程序。对于传统商业企业来说，初次进军线上一般选择的是淘宝等平台网站和团购，但是公司实体的商家还会选择独立的网站作为销售渠道。比如国美网上商城、银泰网上商城、壹互联、太平鸟服饰、凡客诚品等。

中国电子商务发展

电子商务这一新型营销模式的出现，改变了传统企业的商务模式，为传统企业带来了新的商机，同时为企业的创新发展注入了新的活力，比尔·盖茨说："进入21世纪，如果你还不走进电子商务，未来将无商可务。"

中国电子商务发展历程

1997年，中国化工信息网正式提供服务，成为全国第一个行业门户网站。

1998年12月，阿里巴巴正式在开曼群岛注册成立，次年的3月其子公司阿里巴巴中国在杭州创建。

1999年年初，数字化的布道者尼葛洛庞帝来到了中国，不失时机地指出了席卷全球的电子商务浪潮："我预计到2000年，电子商务市场是个1万亿美元的市场，这个数目比人们估计的数目多5倍。"此时，在中国互联网肥沃的土地上，这一领域刚刚开垦。

1999年5月，老榕（王峻涛）创办了中国第一家在线销售软件图书的B2C网站，创始人为这个新生儿取了一个颇具象征意义的名字——8848。以珠穆朗玛峰这座山峰的高度取名，显示了老榕试图在电子商务领域一霸天下的雄心。

1999年6月，4位来自不同行业的旅游迷——沈南鹏、梁建章、季琦、范敏创办了提供网上销售机票和酒店预订服务的携程网。

1999年8月，邵亦波在上海开办了中国的第一家C2C网站——易趣。

1999年11月，在图书出版行业摸爬滚打了10年的李国庆和他的妻子俞渝创建了中国第一家网上书店——当当网。

2000年和2001年在互联网泡沫破灭的大前提下，电子商务的发展也受到严重影响。互联网企业经历着冰与火的考验，你可能在早上醒来时发现自己坐在财富的巅峰，也可能在夜里睡去时就永远被市场抛弃，这就是互联网的力量。

2000年下半年，马云说："我熬也要熬过这个冬天，我爬也要爬过去，跪着也要活下来。"

8848赴美上市一波三折，转型之风裹挟企业人士变动之雨，这个在一定程度上扮演着中国电子商务代言人角色的企业，给互联网世界留下了太多的遗憾。

2003年5月，阿里巴巴投资1亿元人民币推出个人网上交易（C2C）平台——淘宝网。然而淘宝网从诞生之日起就遭到C2C巨头易趣的封杀。易趣公司CEO惠特曼曾扬言要让淘宝网"在18个月内夭折"。

"战争"的启动是以几则具有挑衅性的广告语开始的——"要淘宝，到易趣"，这是易趣2003年在谷歌、百度做的广告。不久，淘宝网作出反击，易趣网上也出现了"淘宝贝，开店铺，生活好享受"的广告。

2004年，京东开始涉足电子商务，同时有着非常良好的用户资源的腾讯QQ，也跃跃欲试，启动了拍拍购物网。

淘宝网2004年9月21日公布的交易数据显示，8月份全月的交易额达到1.2亿元人民币，9月份的单日交易额已达到700万元人民币。而国内C2C市场的另一巨头——易趣，二季度公布的业绩表明，其每个月交易额为1.6亿元人民币。

2005年12月7日，业内知名咨询机构易观国际发布报告称，在中国C2C市场上，淘宝网占据了57.10%的市场份额，而易趣（中国）的这一数字为34.19%。淘宝网处于绝对领先地位。

蜂拥而至的淘金客

2006年腾讯拍拍网正式运营，依托10亿QQ用户的庞大资源，搭建网购平台。

2007年9月15日的网商大会上，马云语出惊人："未来我们将投资100亿打造电子商务生态链。""100亿"和"电子商务生态链"这两个关键词，为传统企业的B2C商业模式的出世埋下了伏笔。

同年，线下叱咤风云的女鞋领导品牌达芙妮率先与淘宝网联手，在淘宝网上开设旗舰店，开创了国内线下品牌触网B2C的先河。

2007年7月，京东建成北京、上海、广州三大物流体系，这一年，刘强东将京东商城做得有声有色。

2007年，PPG如一阵旋风席卷网络销售，整个行业都受到了电子商务带来的震动，虽然后来PPG失败了，但PPG的商业模式并没有失败。PPG的出现，教育了中国的传统企业，原来电子商务可以这么做。而今，PPG商业模式的后继者凡客诚品已成为中国最大的互联网服装销售品牌。

与报喜鸟请来了雅虎中国前总裁田健大张旗鼓进军电子商务领域相比，李宁踏上电子商务这一步就显得无声无息了。2008年4月，李宁只是尝试性地在淘宝商城开了一个直营网店，开始了它的电商之路。

2009年，不断有企业宣布成立电子商务部门，组建新渠道的运营团队。家电企业格兰仕的电子商务部门也开始正式运作，服装品牌七匹狼将2009年作为发展电子商务的一个"关键年头"。一时间，线下企业纷纷加入了网商的狂欢。

2010年伊始，京东商城几个大动作，让竞争对手的神经紧绷。这一年，刘强东的目标是打造销售额百亿的大型B2C网购平台——京东商城。

2010年9月8日，腾讯拍拍网在广州举行大型招商会，全面招募优秀品牌及生产厂家加盟拍拍平台。拍拍网以QQ商城和"官"字认证店铺作为拍拍网的两大核心平台为品牌企业B2C服务。

2010年8月，李嘉诚旗下的TOM集团与中国邮政共同成立合资公司，凭借多年的电子商务经验，依托全球覆盖最广的终端物流网络，启动B2C购物网站"邮乐网"。

在传统商业模式高成本竞争背景下，全球领先运动品牌阿迪达斯也加快了进军电子商务的步伐。2010年8月16日，阿迪达斯与淘宝网联合宣布，双方达成战略合作，阿迪达斯淘宝官方旗舰店同日正式开启。显然，阿迪达斯也想借淘宝网抢占中国网购市场。

随着网购主流化进程的加速，消费者的需求也逐渐表现出多样化的趋势。对于部分消费者来说，除了从淘宝集市提供的上亿件商品中享受淘宝的乐趣外，还需要专业市场提供更加高品质的保障，比如更好的品质、更好的服务等。正如，马云口中的"100亿"和"电子商务生态链"。2008年，淘宝网强势推出了淘宝商城（后改名"天猫"），意图整合传统品牌厂商，以传统品牌企业作为商城的主力军，这为传统企业进驻B2C吹响了号角。不少先知先觉的传统企业，如宁波的GXG，福建的九牧王、匹克等线下巨无霸借淘宝商城这个平台快速抢驻电商行业。

受电商火热的大环境影响，百丽、苏宁、美特斯·邦威等线下巨头，

也纷纷开始发力，迅速进军电子商务。2010年12月，已经夯实了传统渠道的美特斯·邦威服饰开始将产品推向B2C，推出线上商城"邦购网"。而鞋业大鳄百丽也投入巨资建立了"优购网"。这些传统线下巨头想借此尽早确立自己在电子商务行业的地位，希望在电商领域能成为行业领导品牌。

2010年第一季度电子商务市场整体交易额规模破万亿，中小企业B2C交易份额过半，网购实物类交易份额达10.1%。

2011年是国内B2C市场全面爆发的一年，诸多B2C网站开疆辟土。京东商城涉足日用百货、图书音像、奢侈品等领域，亚马逊（中国）、当当网持续推进百货化，苏宁易购也从主营家电数码向图书、百货拓展。

面对竞争对手的步步紧逼，阿里巴巴旗下的B2C平台——淘宝商城选择与"淘宝网"划清界限，力求改变公众心中淘宝网低价的主观印象，提高商家入驻门槛，整合传统强势品牌。为此，2011年11月1日，淘宝商城宣布正式启动独立域名（www.tmall.com），并对外公布，未来3个月内将投入2亿元人民币，大力推广淘宝商城品牌。根据淘宝网公布的消息，淘宝商城将在坚持整体平台化运营的基础上，根据商品的不同特点为消费者提供个性化消费导航服务；打造分行业垂直市场，并在后端通过整合物流供应链，集成物流信息，建立细分行业的物流服务标准和流程。

同年，优衣库和杰克琼斯开始涉水B2C，进驻淘宝商城，更是掀起了传统品牌扎堆进军电子商务行业的热潮。

2011年11月11日淘宝商城全场5折促销，创造了10个商家单日单店销售超过千万元的奇迹。淘宝效应清楚地告诉我们：新渠道将改变传统品牌的产销模式。

2012年1月11日，淘宝商城在北京举行战略发布会，正式将中文品牌"淘宝商城"更名为"天猫"，作为全力打造的品质之城。鼓励传统品牌企业为消费者提供高品质的商品和服务，同时旗帜鲜明地反对假货、反对低品质的商品，反对一切低价恶性竞争行为。

中国电子商务市场规模

2015年中国电子商务市场交易规模达16.2万亿，增长21.2%。本地生活O2O38.4%、网络购物37.2%的强劲增长拉动了电子商务整体的增长。

艾瑞咨询年度数据电商O2O报告分析认为，各企业继续加大移动端发力，扩张品类等是电子商务渗透的主要原因。移动端的随时随地、碎片化、高互动等特征，让移动端成为纽带，助推网购市场向"线上+线下""社交+消费""PC+手机+TV""娱乐+消费"等方向发展，实现整合营销、多屏互动等模式。

另外，随着逐渐活跃的农村市场，移动端依靠相比PC端更便宜的设备和更便捷的操作特征，将占有越来越重要的地位。

中国电子商务研究中心高级分析师张周平表示，"从市场增速来看，中国电子商务已经进入成熟期。"电子商务的迅猛发展激活了潜在的消费需求，也引发了阵阵投资热潮，一方面网红们赚得盆满钵满，另一方面传统制造业也在加速融合电子商务，推动服务转型升级。今天的中国在"狂奔"多年后走入了经济新常态，维持稳增长的电商行业也到了拓展新业务线的时候。

在市场格局未变的情况下，随着2015年大量B2B企业诞生，新兴企业正开始不断蚕食市场份额。据不完全统计，2015年上半年B2B获得投融资企业数量逾70家，下半年或将迎来持续增长。新一波热潮下，B2B模式从黄页模式逐渐向在线交易模式发展；但在线交易还处于探索阶段，并未出现大规模的成熟应用，对整个市场交易规模贡献有限。

专家分析认为，"主要原因在于，一是业务模式引发变革，从黄页模式到交易模式，从综合电商到垂直电商，是引发B2B爆点的原因。二是国内中小企业需求加速，使得企业级服务在中国正处于快速创新和快速渗

透的过程中。"

与此同时，中国网络购物市场用户规模也将进一步扩大。2010年中国网络购物用户规模达到1.48亿，占中国互联网网民的36.0%；2011年这一数字达到1.87亿人，增长率为26.4%，2010年网购客户在网上购买过一次的总数达到1.48亿，同比增长35.8%，占网民比重的6.0%。

中国网络购物用户规模的增长主要受益于两方面：一是中国网民规模的增长。CNNIC公布的数据显示，2010年6月，中国网民规模达4.2亿人，预计2010年底中国网民规模将达到4.8亿人，较2009年年底的3.84亿增长25.0%。二是网络购物环境的改善。2010年7月网店实名制正式施行，淘宝网等平台式购物网站力推诚信保障体系，降低了消费者转向网购的心理门槛，推动网络购物应用在网民中的渗透。

同时，网络购物的使用与网民网络使用年限密切相关，网龄越长的网民使用网络购物的可能性越大。目前我国网民应用已经开始从基础、娱乐性应用向多元、商务性应用转化。

可以预见的是，随着普及率的提升和网龄的增加，网络购物的使用率和交易金额必然会有更大的发展空间。

到2010年，电子商务经历了12年的变迁，使得市场不断细分：从综合型商城（淘宝为代表）到百货商店（京东商城、1号店）再到垂直领域（红孩子、七彩谷）接着进入轻品牌店（凡客），用户的选择越来越趋于个性化，中国的电子商务已进入了一个全网竞争、不断完善、高速成长的纵深型发展阶段，不再是一家独大的局面。

网购规模的持续高速增长得益于传统品牌企业的大规模"触网"。它们在以天猫（淘宝商城）为代表的电子商务平台上纷纷开设旗舰店，同时在京东商城、唯品会、凡客V+等一批B2C平台上开展全网营销，让中国的网购消费者享受到更好的服务、购买到更多的品牌产品。

2009年上半年，传统企业的电子商务发展迅猛，联想、宝洁、优衣

库、戴尔、李宁等传统品牌的直营店单店在淘宝网的月销售额超过100万元。而日本首富柳井正创办的服装品牌优衣库于2009年4月16日正式进驻天猫，开张当天就达成了近3000笔交易，实现30多万元的交易额。

2010年中国1.5亿参与网购的人群中，七成消费者购买了鞋服；在网络销售总额中，鞋服产品的销售额占据1/4；目前，电子商务融资并购案中，与鞋服领域相关的企业占据一半；在淘宝网成交额"TOP10排行榜"上，前两名是男女服装。

2011年家电行业遭遇寒冬，但小家电在电商领域发展得却异常迅速，九阳在天猫的销售额比2009年猛增了十几倍，销售额过亿。

天猫数据显示，2011年"双十一"开始的第一个小时内，就有96家店铺销售过百万，其中杰克琼斯销售突破一千万元。

韩都衣舍CEO赵迎光在微博上透露，截至2011年11月10日晚上10点，韩都衣舍天猫官方旗舰店的人流量达到了440万人次，有90万人光顾了他的店铺。

2011年"双十一"，天猫男装店铺中，共有3家销售额突破亿元，依次是杰克琼斯官方旗舰店1.8亿元，GXG官方旗舰店1.5亿元和九牧王官方旗舰店1.1亿元。

2012年，安踏、匹克、特步、鸿星尔克等鞋服品牌纷纷高调宣布，加大电子商务的开拓力度，并分别提出自己的发展计划。企业的网上年销售额，以及电子商务占企业营销业务的比重，成为其中的重点。

特步把电子商务上升到了企业战略的高度，2012年，特步把网络分销销售额的目标定到2亿元，未来5年电子商务业务将占整个公司销售额的10%。

"我送给你一个俄罗斯市场，你要不要？"淘宝网的副总裁兼B2C事业部总经理黄若在淘宝网的新B2C平台天猫招商时，总会这样问那些企业的老总。

电商教父马云：唯一不变的是变化

1999年，马云创建的阿里巴巴在整个互联网界开创了一种崭新的模式，被国际媒体称为继雅虎、亚马逊、易趣之后的第四种互联网模式。

如今，阿里巴巴已经成为一个庞大的商业帝国，并改变了中小企业的商业生态。

1999年2月20日，大年初五。

杭州以及整个中国正沉浸在过年的喜庆当中。在西湖区文一西路湖畔花园的一所普通住宅里，不大的客厅里15个人聚拢在一起，又是演讲，又是录像，又是拍照，这就是他们的第一次员工大会——会议的组织者和演讲主角，正是那个身材不高、其貌不扬，但却激情澎湃的马云。

马云站在桌子后面，连比画带说，一口气讲了3个小时。他声情并茂地描绘着自己的蓝图、愿景。

一个当时听起来相当遥远的创业梦想，经过马云的一番演绎，渐渐地清晰起来。

"现在，你们每个人留一点吃饭的钱，然后把剩下的全部拿出来。"讲得兴起，马云掏出兜里的钱往桌上一拍，"启动资金必须是pocketmoney（闲钱），不许向家人和朋友借钱，因为失败的可能性极大。我们必须准备好接受'最倒霉的事情'。但是，即使是泰森把我打倒了，只要我不死，我就会跳起来继续战斗！"

此时，中国的互联网已经进入疯长的状态，一边是国外风险投资商疯狂给中国网络公司投钱，一边是网络公司疯狂地烧钱。马云和他的创业团队凑起来的钱共计50万——这在当时只不过是新浪、搜狐、网易这样大型门户网站的一笔小小的广告费而已。可见马云在创业时相当艰难，他们每人的月工资仅500元，公司花钱时一分钱恨不得掰成两半来用。

为了省钱，外出办事，大家都发扬"出门基本靠走"的精神，很少打车。据说有一次，大伙出去采购，东西很多，实在没办法拿了，只好打的。他们在马路上向的士招手，若来的是桑塔纳，他们就摆手不坐，一直等到来了辆夏利，他们才坐上去，就因为夏利每公里的费用比桑塔纳便宜2元钱。马云不讳言，曾经因为资金的问题，公司到了几乎维持不下去的地步。

公司创始人之一金建杭回忆说，大家凑的50万元本打算坚持10个月，但没过几个月，就一分不剩了。于是，他们不得不熬了两个月没钱、没盼头的日子。可就是在这样的境况下，马云居然还拒绝了38个投资商！理由很简单，那些投资人太过短视、功利，他们甚至想要直接干预经营。

1999年10月29日，阿里巴巴终于迎来了第一笔融资——由高盛公司牵头的数家投资机构联合向阿里巴巴投资500万美元。接下来，马云和阿里巴巴又获得了软银集团董事长孙正义的青睐，至今坊间还流传一个段子——"6分钟搞定孙正义"。

资本的进入让马云当年的梦想得以实现——"我们要建成世界上最大的电子商务公司，要进入全球网站排名前十位！"2007年11月6日，阿里巴巴在香港联交所上市，市值200亿美元，成为中国市值最大的互联网公司。马云和他的创业团队，由此缔造了中国互联网史上最大的奇迹。而由马云及其团队创立的阿里巴巴商业模式，对于中国互联网而言，意义非凡。

正如马云所说："当变革来临时，我们该做的不是怎么去抵抗，不

是规避利害保全自己，而是适时把握趋势，拥抱变化。"

电子商务作为一种新型商务行为，将生产企业、流通企业以及消费者带入一个数字化的虚拟空间。使人们不再受地域、时间的限制，以简单、快捷的方式完成较为复杂的商务活动。它将人工操作和电子信息处理合成为一个不可分割的整体，优化了资源配置，提高了商务系统运行的严密性和效率；不仅改变了人们的消费习惯和消费方式，还改变了传统商务产业链的经营运作方式。

对于传统企业来说，今天不投入，好像对销量的损失不大，但事实上损失的是一个市场。随着小熊电器、金泰昌洗脚盆、贝尔莱德挂烫机这样的网络品牌不断崛起，原属于传统品牌商的市场将会被这些伴随网络而生长起来的商品瓜分，今天失去一个订单，失去一个顾客，明天失去的可能就是市场份额，就如温州人说的："我多卖一个产品，你就少一次生存的机会。"

通常，传统品牌营销以实力占据优质资源，信奉渠道为王、终端为王。高店租、高人工、高成本对于发展中的中小企业来讲，是发展瓶颈和利润吞噬机。PPG的B2C模式无论成功与否，它的出现都对于传统营销环境具有巨大的冲击意义。它冲击了传统渠道里由那些强势品牌、资金雄厚的大企业筑起的堤坝，营造出了一个新的、公平的、随时可能出现奇迹的商业生态圈。然而，机遇与挑战是并存的，电子商务对传统品牌企业造成的内外变革，无论是供应链的改造还是更直接地接触消费者，都将可能成为其快速成长的开始，进而突破企业的发展瓶颈，进入一个新的发展期。

对于传统企业来讲，今天的网络销售与10多年前的连锁零售有相似之处。新的零售业态代表着新的生活方式和购物需求。对于传统企业而言，电子商务的出现，很大的一个好处就是可以节约时间、节约成本，提高企业产出效率。在传统模式下，传统企业深受资金链过长、地域限制等条件的制约，不能最大限度地扩大市场占有率，而电子商务恰恰能够帮助它们实现低成本的"货通天下"。所以传统企业涉足电子商务不仅是企业自身变革的需求，还是整个行业和终端用户的共同需求。

对于消费者来说，首先，SPMAIL所提供的物品品类满足了消费者一站式购齐所需的服务需求，方便了消费者的生活。但如今越来越多的消费者希望足不出户，轻点鼠标就能购物，消费者的需求正在改变。其次，网购减少了消费者的隐性成本。若传统购物渠道的隐性成本大于网购，就会导致一部分用户选择网购渠道，这也是网购市场快速发展的一个重要原因。

网络购物的另一个好处就是可以送货上门，只要消费到一定的金额，卖家会免运费送货上门，不需要支付在传统购物渠道中的隐性成本。如果在外打拼的你想送父母东西，而自己没有时间将东西送到他们跟前。这时，就可以通过网购让商家替你将礼物送到父母跟前，这样不仅为你节省了时间，也让父母随时都能感受到远在他乡的孩子的孝心。这就是网购为消费者提供的"价值"，也是网购人群越来越多的重要原因。

传统的营销模式是单向的，消费者到商场买东西，就算买到一些不好的东西，只要损失不大，基本上是懒得再回到商场反馈这个产品的相关信息的。这就导致商家了解产品市场被接受情况很滞后。而电子商务则不同，电子商务能为企业提供高度数据化管理：什么产品畅销？什么产品滞销？什么样价格区间的产品适合消费者等信息都能在第一时间得到反馈。它将颠覆传统行业先设计生产再推向市场的营销模式。利用灵活的供应链，企业能够快速跟上消费者需求，既提供充足的畅销产品，又能够将滞销产品快速地更新换代。

电子商务还给传统企业带来了快速反馈机制，能够即时反馈出客户

的喜好。例如消费者在天猫买东西，好、坏都会有个评价，这有助于商家了解产品自身存在的优缺点以及消费者的实际需求，能及时进行有针对性的调整，从而使营销管理者在市场调研、产品设计、生产到服务的一系列营销环节中与消费者保持密切联系。这种互动的营销手段更加以消费者为中心，甚至消费者还可以参与设计生产过程。通过电子商务的反馈机制使企业更容易提供更畅销、更符合消费需求的产品和服务。

电子商务引发的是一个超越与被超越的时代，传统企业发展电子商务是一股不可逆的潮流，而且凭借传统实体的供应链资源和独特优势，必定会逐渐成为电子商务市场的主角。

消费者对品牌的高度认知和线下实体销售模式让消费者产生信任，信任又产生了购买力，这点在淘宝网销售排行榜上已经获得证实，在淘宝网销售排行榜位列前三甲的品牌大都是有线下实体店的强势品牌。

传统企业转型电商的误区

虽然传统企业电子商务化是大势所趋，但中国的电子商务起步较晚，传统企业涉足电商存在很多经验上的局限性，而且，还面临运营人才稀缺、技术落后和电商意识缺乏等困境。一个完整的电子商务流程包括商品展示、营销推广、订单处理、在线支付和物流仓储等环节；企业除了搭建一个平台以外，还需要有信息化的管理系统将在线支付和商品物流打通。

传统企业在行业内有专业、品牌和资源等方面的优势，但跨界到

电子商务领域，面对熟悉又陌生的电子商务市场，传统企业有点束手无策。

一、传统企业对电子商务理解和认识不够

大多数传统企业只是将电子商务看作在互联网上的销售而已，却没有想到电子商务其实改变了传统的供应链。传统企业的供应链优势是以产品为核心的导向性销售管理，传统企业的营销模式从最早的以产品为导向进化到以市场为导向，为此一些服装企业的订货会从每年的两次订货会进步为一年四次订货会。而在互联网上，企业更需要的是以终端消费需求为导向的销售过程，也就是说，电子商务可以一边生产一边销售，甚至可以用一张设计稿进行销售，如淘宝上的一些知名网店进行的预售行为。

二、传统企业对电子商务平台的认知不够

越来越多的电子商务平台出现，对传统企业来说是进行全网营销的契机。从理论上来说应该是每个平台都要进驻，类似于在传统领域的商场里开专卖店，无论何种类型的品牌，对于平台的研究是企业要持续做的功课。最好是在每个平台都有适合这个平台主流消费群体的主推品类，以实现该平台流量价值最大化。

比如说京东商城流量比较高，竞争不是太激烈，订单单价相对较高；但京东商城以男性用户为主，所以一些品质较高或价位较高的男装或男性消费品比较适合这个平台。从运营成本支出来说，京东商城、当当这样的B2C平台反而比天猫要低一些。

在传统领域里，传统企业的市场嗅觉是最灵敏的，但在互联网上最先知先觉的却是一些淘品牌，诸如韩都衣舍、零号男、小狗电器等都是最先在淘宝体系成长起来的品牌。

三、传统企业做电子商务缺乏整合能力

一些传统企业做好了电子商务战略规划，并投入资金，为了能快速

上线不惜重金招纳贤士，大肆投放广告，结果却只能依靠线下收入支撑线上，线上没有任何盈利能力。传统企业缺乏驾驭电子商务技术的能力，更无法自由地让电子商务模式与企业固有品牌价值经营理念协调配合。它们更多的是将原有的传统销售团队整编到电子商务部门，却不知道电子商务除了需要传统的销售团队，还需要凡客那样的营销团队，卓越那样的技术团队，京东那样的物流团队以及当当那样的运营团队。随着电商行业的竞争越来越激烈，人才资源已经成为电子商务成功与否的关键因素，优秀的电子商务人才其实就是在互联网B2C企业中培养出来的，价格不菲不说，大多数已经被正在互联网上成长的专业B2C企业争抢得差不多了。

泉州某知名的品牌男装，将电子商务部设在信息中心。由于信息中心大多是IT技术人才，所以招人的标准是要有互联网经验。这样的团队组合，对产品的卖点提炼不足，销售能力也不足，所以一年下来业绩不好不说，高昂的费用让企业望网兴叹。于是把电子商务外包给一家代运营公司，可是这家代运营公司只会在淘宝网上卖货，别的渠道一概不涉水，虽然在淘宝网的年销售能过亿，但却丢失了互联网大的营销环境，完全依赖淘宝网生存。其实入驻互联网上的不同平台相当于是在不同的商场开设专卖店，放在传统营销环境里，淘宝网只是人流最多的商场而已。

四、传统企业普遍存在"奢望"的心态

许多传统企业想在电子商务中少投入高回报，赚一票就撤。许多企业看到凡客的成功后，就贸然冲了进去，以为丢一元人民币进去就能回报一百元甚至更多。电子商务井喷式的发展让很多传统企业变得浮躁，无法给出太长的"宽容期"，总是奢望短期的小投资能换来丰厚的甚至是长期的收益。

一家传统企业的企业主，在传统的批发渠道里一年有四五千万元的销售，看见别人做电子商务做得风生水起，也想试试水，但他对电子商务的认知却是"一本万利"。在他的理念里，淘宝网就是电子商务。网店在淘宝网刚上线不到三天就质问代运营公司为什么没有销售，第二个月，就期望与运营了三年多的同类品牌的销量相近，三个月的试运期还没过，就吵着要解约，他解约的理由是第二个月销售没有过10万，并且投入太大。而代运营公司则认为该品牌在网上没有知名度，产品刚上线也没有客户积累；从产品拍摄、宝贝模板设计到网店上线还不到三个月，连网店的试运营期没过，同时又埋怨企业没有按合同投放推广费用所以影响了销售。双方各执一词，闹得非常不愉快。

从表面上看是企业看不到收益而解约，本质上却是传统企业开展电子商务的"浮躁"与"奢望"心态。

五、电子商务也需要对品牌的维护

品牌是代表企业或产品的一种视觉的、感性的和文化的形象，它是企业或品牌主体一切无形资产总和的全息浓缩，不仅仅是商标标志、信誉标志，更是对消费者的一种承诺。品牌的建设同样适用于电子商务领域，只有建立一个良好的品牌才能保证电子商务长期健康地发展。大部分传统企业并没有意识到品牌对于电子商务的重要性，他们对电子商务普遍是"重销售，轻品牌"的认识。

传统领域有电视、杂志等传播核心，可以靠大笔投资快速提升影响力，但互联网是去核心化传播的营销环境，在互联网世界中影响力和信息流基本上是等同的，信息流越大越集中就越能形成品牌价值。

在互联网上，一个负面消息在12个小时内传播量就能达到高峰，这种传播能量是任何一个传统媒体都无法比拟的，所以在互联网中，传统企业对品牌需要更加小心地管理。

六、传统企业开展电子商务需要理清与各个环节的利益关系

经常有企业感叹，开展电子商务有两大阻碍，首先，最大的阻碍来自渠道。越强势的品牌在线下实体渠道的积累越多，对发展空间的需求和对利润的需要就越多，庞大的渠道体系让企业不得不小心处理。其次是内部的电子商务部门与其他部门的冲突。由于电子商务属于新成立的部门，短时间内业绩并不突出，所以在货品资源的分配上会出现优实体渠道而薄电商的现象；企业本身是以业绩为导向的团体，如果短期内销售业绩不好，团队在企业中的地位就不高。因此在启动电子商务的时候，对于电商部门，企业要给予更多的信心，要有足够的耐心让它们成长。

正如李宁公司前电商总监林砺回忆起当年李宁刚启动电商时的苦涩："我们2008年4月，在淘宝网平台上，刚刚推出第一家网店的时候，当时集团对电子商务的定位还是e-Channel，当作新兴的渠道来看待。利用互联网渠道来销售产品，当时我们主要销售的产品都是库存产品；可是随着时间的推移，到了2008年年末的时候，我们发现，库存产品已经远远不能支撑生意渠道本身能够容纳的货品量了，马上就要面临严重缺货的危机。我现在记忆还非常深刻，从2008年下半年开始，每次跟集团开会，我说得最多的是哪里有货源，哪里可以找到我们可以卖的货品。"

无论传统企业在传统营销领域如何成功，进入电子商务都是从零开始，要从消费者的需求出发思考问题。原有的品牌优势、供应链优势在某种程度上会成为电子商务的障碍，应该把电子商务当作另外一次创业，当作一次新的投资行为。

第二章

"触网"须知，电子商务的"游戏规则"

传统企业电商战略规划

电子商务是一个系统工程，主要分为三大管理体系：内部管理体系、营销管理体系和供应链管理体系。成功的关键在于营销管理和物流管理，其中包括市场定位、商业模式、网店设计、产品组合、营销宣传、供应链管理、客户服务、线上线下配合、电子商务人才等，因为电子商务不再依托传统的实体平台，而是利用互联网和信息技术来展开，所以，传统企业介入电子商务，是否掌握电子商务的游戏规则，就是电子商务能否成功的关键。

经常听一些企业主在谈论电子商务的时候总是用羡慕的口气说：

"XX做网购一个款式卖了十几万件，他就把办公地点设在市场楼上，买款改标然后就能卖，费用很少。"

"我也要做，这是个好机会，等别人做大了我们就没有机会了。"

......

电子商务网购的单款或单日销售量总是超出传统企业的想象，总会有日销售千万元的神话如春潮般在一些传统企业主的心里涌动着。不少传统企业只看到别人通过电子商务所获得的巨大商机，却对自身缺乏一个全面、清晰的认识和考虑。启动电子商务不仅只涉及资金、品牌，企业本身是否具备做电子商务的各种基本条件，是成功涉足电子商务的根本前提。

传统企业进入互联网与实体企业一样要作战略定位，只有确定了自己的核心优势或者核心能力，才是真正的价值所在，也是任何一家传统企业做电子商务能够成功的终极保障。

有些传统企业在传统的营销环境里是王者，有着资金的优势，所以在启动电子商务时一开始就把目标定太高，想很快就能获得与自己在传统营销环境里相匹配的地位，结果不尽如人意。也有传统企业寄希望于仿效或者直接套用别人的模式来发展自己的电子商务，不去打造自己的核心竞争力，只是为了一时功利、一味抄袭模仿，对自己今后电商的发展造成了很大的隐患。还有一些传统企业以为做电子商务就是在淘宝网上开一家官方的商城。

传统企业要开展电子商务，要打破固有的思维模式，从战略的高度重视电子商务，将企业的电子商务发展纳入企业发展的总体战略目标。对电子商务的战略规划是企业电子商务成功的重要保障。战略定位决定着企业发展电子商务的速度和规模，当然盈亏平衡时间的长短也很大程度上决定了企业的战略决策。

战略规划是传统企业实施电子商务不可或缺的环节，战略规划要明确方向，需要各个环节的共同努力，因此没有战略规划，电子商务的发展就没有前景。对于企业而言，电子商务系统的实施就是为了最大限度地扩大利润，增加企业收入，扩大市场份额，提高企业的核心竞

争力，所以电子商务战略规划要同企业的总体战略保持一致。

电子商务绝对不只是做个网页就能够将产品卖出去的事情。它是一个需要从产品、营销、物流、售后、IT、人才和资金保障各个层面都动员起来的工作，所以是否触网开展电子商务，对企业而言是一项战略性的决策。

对于想触网的传统企业，在计划开始之前，应该要先清楚以下三个问题。

问题一：电子商务对于企业的价值何在？

优衣库开展电子商务，是为了提高终端的覆盖能力；宝洁开展电子商务，是为了满足现有消费者的新需求；罗莱开展电子商务，是为了渗透新的消费群体……

问题二：选择何种市场战略？

在明确了价值目标后，企业需要围绕目标人群、品牌、产品的价格制定营销战略。是服务于现有的消费群，还是渗透新的消费群？是沿用现有的品牌，还是启用新品牌？是沿用现有的产品线，还是开发新的产品线？如何定价？如何规避线上线下的渠道冲突？营销战略将决定电子商务是否能实现企业最初的价值预期。

问题三：准备选择何种营运模式？

电子商务作为实体商务的虚拟化，营运模式必定脱胎于实体。经销、代销、直营、加盟、店、柜……但凡在实体零售中存在的形态，都可以通过虚拟化，存在于电子商务的世界：官网属于直营专卖店，天猫店属于店中店，1号店、京东商城属于专柜式代销，淘宝小店属于连锁加盟……

运营模式决定着企业的投入产出：需要多大的投入、多少队伍、多快的启动期、多长的回报周期、多厚的毛利、多大的销量等。

以上三个问题想明白之后，才能开始战略规划。

制定电子商务战略就是确定企业电子商务的发展目标，从盈利的目标来决定采取怎样的模式来获得利润。明确企业的获利方式、服务对象和服务内容，不同的商务模式直接关系企业实施电子商务系统所采取的策略和该方案的基本功能。而在确定了电子商务运作模式后，需要结合企业电子商务的特点，确定这一商务运作模式如何实现，即要确定实现这一模式的各个具体组成部门的逻辑框架。

电子商务的战略目标主要体现在品牌在线上的新定位和电子商务商业模式的定位。

电子商务的战略规划中有八大策略，这八大策略环环相扣，直接影响着企业电子商务的发展速度与结果。

策略一：资金投入的规划与管理策略

传统企业实施电子商务资金投入的规划与管理非常重要。

在电子商务活动中，最大的投入就是宣传费用和人工成本。对于传统企业来说，资金本是实力的体现，大多数传统企业不缺资金，只是不知道如何设定KPI对资金进行管理与风险防范。

策略二：人才策略

电子商务是新的生产力，它是在掌握电子商务技能的复合型人才管理下，运用系列化、系统化的电子工具从事的商务活动。

目前国内传统企业做电子商务在组建团队时容易犯以下两种错误：

一是让自己完全不懂互联网的子弟兵进入电子商务部门的核心管理层。

二是请徒有虚名的大公司高管或只会写博文、写似是而非的理论而本身没有实战经验的伪专家。

传统企业要想做好电子商务，既需要有成功经验的互联网人帮助企业制定策略、搭建架构、组建团队和日常运营，也需要既熟悉企业内部结构和商品经营又有一定话语权的人来负责沟通，寻求企业支持，协调整合资源。要学会用互联网的方式做传统零售，而不是用传统的零售方式做互联网。电子商务需要既懂互联网又有市场敏锐度的跨界人才，要有（技术人才）互联网的方式+（零售人才）传统渠道的经验，这样才能达到鼠标+水泥的完美结合。

例如，福建正大集团组建电子商务部门就是采取传统营销人才+电商专业人才的模式，快速启动电子商务部。由有多年传统营销经验的团队负责产品统筹和促销活动的策划，专业的电子商务技术人才负责店铺的运营和渠道的拓展。所有人员都很快上手，整个部门快速有序地运行，并取得不错的成绩，当月上线，当月销售破10万。

策略三：开发适合网络消费群体的商品策略

传统企业线下实体店销售的产品究竟适不适合在网上销售？除了那些价格合理、需求普遍、产品延展性强的品类适合在网上销售外，很多时候，电子商务消费群体的特性会要求企业去做一定的创新和变革，甚至是放弃。对于刚进驻电子商务或准备启动电子商务的传统企业，建议在第一阶段采用库存量转移的策略来启动电子商务。

策略四：适合网络平台销售的定价策略

由于网上信息的公开性和消费者易于搜索比价的特点，网上的价格信息对消费者的购买起着重要的作用。消费者选择网上购物，一方面是因为网上购物比较方便，另一方面可以从网上获取大量的产品信息，多番比较，择优选购。网络定价的策略有很多，根据网络营销的特点，主要分为：低位定价策略、个性化定制生产定价策略、使用定价策略、折扣定价策略、拍卖定价策略和声誉定价策略。

并不是网上卖的东西就一定要走低价策略，要与线下作区隔，找到不同的优势。与线下一致的产品要统一控制在自己的价格体系内，新品全价卖，过季打折；而网络专供款，可以充分利用品牌自身的带动力，用另一套定价策略与线下作合理差异化。

策略五：网络渠道建设策略

在中国特色的传统商品销售领域里，渠道为王的模式大行其道。在当前互联网流量如金的背景下，流量入口的资源争夺战越来越激烈，单个网店的销售就像品牌在线下只开一个单店的销售一样，所以渠道为王的理论在网络世界同样大行其道。

对于从事网络营销的企业来说，熟悉网络分销渠道的结果，分析、研究不同网络分销渠道的特点，合理地选择网络分销渠道，不仅有利于企业的产品顺利完成从生产领域到消费领域的转移，促进产品销售，还有利于企业获得整体网络营销上的成功。相对于传统的营销渠道，网络营销渠道也可分为直营渠道和分销渠道。

策略六：安全的入场策略

"如何启动电子商务？"是很多传统企业初期最常有的困惑。传统线下品牌商切入电子商务，建议从淘宝网开始，淘宝网聚集了中国最大量的网购人群，其每天几千万的流量是最有价值的资源。由于淘宝网上的购物需求量使得传统企业在最初就能做出好的业绩，并获得信心，之后再根据自己的特点定位适合自己的电子商务商业模式。先在潜水区练兵，适应后逐渐游向深水区，最终实现无店铺多渠道销售。

事实证明，很多传统企业做电子商务比较成功的都是在淘宝网试水起家，比如百丽、博洋家纺等。

策略七：精准高效的促销策略

随着网络的日趋普及，网购不再只是小部分潮流领先人士的尝鲜行为，它已经成为普通大众生活方式的一部分。而在网络竞争之中，网络促销成为市场赢家的不二法则，且一直持续升级，成为市场营销的一种现象。岁末年初，光棍节、圣诞节、元旦、春节、情人节等"洋节""土节"蜂拥而至，历来都是商家的销售高峰。不仅实体店里各种促销活动此起彼伏，互联网商家也应势而动，各种网络促销方式在很大程度上刺激着消费者的兴奋点，不断提升消费者的购买欲望。但是，这终究只是短期行为，企业要想长期保持消费者的购买热情，就必须对各种网络促销形式进行分析组合，选择适合企业的促销策略，制订相应的促销计划、促销日程表。良好的促销活动，不仅可以诱导需求，还可以为消费者创造需求，挖掘潜在的顾客，最大限度地扩大销售量。

策略八：高效完美的物流服务策略

完善的电子商务体系包括营销管理、供应链管理和内部管理三大系统，其中物流是动脉，在电子商务中占有非常重要的地位。

现在的电子商务已不再是当初为产品拍一组照片，加上描述就有人买的阶段。已经进入渠道竞争的阶段，而且竞争日益激烈，最后随着网络平台的增多，网络渠道越来越畅通，电子商务会逐渐向效率竞争进化。

例如：服务效率，京东商城有一个211的服务承诺，上午11点前下的订单当天收到，晚上11点前下的订单，次日收到。又如：库存周转率以及资金使用率，福建石狮的猛狼服饰甚至可以做到一个订单一个订单来做，备料不备款，今天下单明天就做出来发货。

网络购物的每个订单都要送货上门，而传统店铺销售则不用，因此，电子商务的物流成本更高，配送路线的规划、配送日程的调度、配送车辆的合理利用难度更大。

传统企业完善电子商务物流系统，需要把传统的物流管理涉及的仓储、采购、运输、物流标准等要素与电子商务系统实现和谐对接。传统企业的物流系统和管理流程并不适合电子商务，传统企业原来是整进整出或整进零出到货架为止的，主要配送方式为物流公司整车或整批次汽运或空运，表现特征为大批量少批次。而电子商务是整进零出到全国各地的消费者手里，主要配送方式为仓储人员散单配货、快递公司散单发货到消费者手中，表现特征为小批量多批次。因此物流系

统不能脱离电子商务环境，需要建立一个适合电子商务的物流系统和管理流程，也就是要有独立的ERP系统，再和传统企业已有的管理系统对接，这样才能更快捷有序地运行。在构建企业电子商务系统的同时，物流外包、合作等方式都可以解决物流配送问题。国内最大的物流公司中国邮政，就有独立的物流配送体系如E邮宝支持传统企业电子商务的物流配送。

不同的企业根据自身的特点对电子商务的需求也不一样。例如，优衣库把网络看成一个大终端，所以它只开了一个官网，在官网上把销售做大；李宁把网络看成一个新兴市场，因此它整编了无数网店，制定了规范的渠道管理规则，以店多赢市场。我们都知道电子商务的电子部分是基于IT水平的，而国内大部分传统企业的IT水平都偏低，甚至不少实力很强的传统企业都未实现单品管理和实时库存，更别谈什么供应链管理。有些传统企业不敢触网的重要原因之一就是电子商务模式对传统企业的物流仓储及管理流程的冲击影响了信心。没有能够变革的能力，就无法为电子商务提供竞争优势，亦不足以支撑自己的决心进行持续投入。

淘宝网的一个大卖家曾说："现在，网上一搞大型促销活动，快递就爆仓，货物都停在路上，无法送到顾客手中。"其实，电子商务与物流是一对天生的搭档，电子商务离不开物流的发展，需要物流体系强有力的支持；同时电子商务又给物流的发展提供了难得的发展机遇，为其指明了发展方向。因此，企业要想在电子商务环境下取得预期的促销效果，就要在经营发展中合理地规划企业的物流系统，制订正确的物流目标，有效地进行物流配送环节。

传统企业如果不具备能够支持电子商务活动的现代化物流体系，只是盲目发展电子商务，而不注重发展和配备现代化的物流模式和配送体系，这样做电子商务注定要以失败告终。

当然，竞争的最后一个阶段就是品牌竞争阶段，这个阶段是竞争消费者心中的地位。电子商务作为一种新的商业模式，其商业应用价值具有多面性，如果企业只是笼统地做销量，而没有落实到具体的价值点上，那必定影响到企业发展战略的精确性。

品牌在互联网上的管理同样重要

品牌价值创造建立在消费者价值的基础之上，品牌管理是一个内外兼顾的管理系统。对外通过与顾客良好的沟通，在顾客心中树立良好的品牌形象，让消费者产生信赖感，同时提升社会大众对企业的好感。品牌对外需要进行管理维护，对内也同样需要进行精心的呵护与传达。对内是在企业内部形成良好的企业文化，增加员工对企业的好感与责任感；完善的内部品牌管理可以凝聚内部员工的向心力与归属感。如果说企业对外的品牌管理的主要目的是提升品牌的知名度、美誉度、影响力、产品销量等，那对于企业内部而言，品牌管理就是为了使企业内部形成良好的企业文化，并大大增加员工对企业的信任与责任。

在传统营销环境里，不仅仅是产品同质化，就连企业的竞争策略、营销模式等多个方面都呈现出同质化的特点。在这种情况下，价格战、促销战、资源战、成本战就成为很多企业主动或是被动的选择，从而导致不少企业陷入微利经营的窘境，甚至出现行业整体性亏损的极端现象。所以在互联网这个新的营销领域里，传统企业必须把电子商务领域的品牌建设提升到战略层面来重视。只有不断创新满足消费者不断增加的需要，才能维护品牌在新的领域里的生命力，才能在互联网上建立有效的品牌价值支撑，从而让消费者对品牌产生认同。如果缺

乏有效的品牌管理导致品牌管理职能缺失，品牌管理处于无序和盲目状态，也就无法形成以差异化为主导的良性市场竞争态势，企业触网也无法有效地持续发展。

在许多消费者心中，网购几乎是打折、廉价的象征。几乎所有的电子商务平台都将折扣作为吸引消费者的一大手段，这样违背了品牌的生存之道，会将传统品牌多年积累的美誉度破坏殆尽，所以传统企业一定要重视品牌在电子商务活动中的管理。

对于传统企业发展电子商务来说，品牌在互联网上的管理同样重要，最好的方法是把自身传统的强项移植到互联网中。在线下是卖牛仔裤就专注去卖牛仔裤，不要轻易去做牛仔裤以外的东西。与传统营销环境一样，并不是所有的消费者都能成为你的用户，要做市场细分。细分市场并不仅是一次简单的产品聚焦过程，还是一个客户群体筛选的过程。

我们可以把目标消费者划分为新顾客、促销型顾客、老顾客和VIP顾客。新顾客会选择尝试性购买，并不确定能否成为回头客，这类顾客需要更多的服务，力争让他成为你的老顾客。促销型顾客是因为你的折扣、秒杀所吸引，这类顾客并不能成为你的主流消费者。老顾客是对你的品牌或产品有一定的认可，但需要维护的群体。VIP顾客是老顾客中的一种衍生客户，对品牌的忠诚度较高，是最核心的用户。品牌管理最终目的就是不断拥有更多的忠诚度较高的消费者。

传统企业在与消费者的沟通上，要注重加强品牌在互联网上的曝光率。每一次的互动体验性活动都要让消费者对品牌产生好感，拉近彼此的认识，增进彼此的感情，增加彼此的信任，增强消费者的感知。利用线下实体的优势增加消费者的体验，实现互联网虚拟空间与传统实体店的互动，让消费者洞察品牌价值，同时要注意引导消费者参与企业的品牌建设，通过品牌的共建，最终与消费者形成情感链接。

通过观察消费者的购买行为，可以发现这样的情况：可以供消费者选择的产品非常多，但是消费者没有足够的时间和耐心来一一进行挑选，而在网购的时候，一旦耐心不足，就会来回切换店铺，几乎没有什么转移成本，这就要求企业在很短的时间内抓住消费者。

这就是简约的文化，简约也是互联网思维的一个特征。其实通俗地讲，简约就是能省则省，能不需要就不添加，这也反映了企业在产品上能做出的高度。简约有三点要做到：表面上构造简单，使用便捷，描述起来更是几句话的事。

但是这三点看起来容易，做起来不容易。

看起来构造简单，看一眼就知道怎么做的，但是在简单的后面就是不简单。因为要把产品尽量简化，需要做大量的工作和细致的计算，用工用料都要设计，只不过这些都是企业内力的比拼。消费者看到的就是成品。

使用便捷，就是指产品容易操作，所谓的傻瓜机就是这样的例子。

描述起来就是几句话，这说的是，当企业要宣传自己的产品或者服务的时候，不需要说很多，简短的几句话就可以把产品或服务介绍得很详细、很明白。

就拿支付宝来举例，支付宝刚推出的时候，页面有四个部分，上面的导航，左面的目录，右面的功能键，中间的内容，这样的布局遵守的是互联网的网页标配，当然也作了一些改进那就是能够更换背景。这样的布局，维持了很长的时间。

但是效果如何呢，支付宝会不会改变呢？数据来说明。支付宝后台的数据显示网页中大部分的内容，客户都没有点击过，而且还有客户抱怨，说在页面中都没有找到想要的东西。这些现象都是值得支付宝思考的。

终于，2013年，支付宝在不断改版的变化中加入了简约的原则，直接把页面简化为两大部分，一部分为账户现状，另一部分为资产动态，这些动作不仅仅是简约的变化，而是对用户需求的精准把握，并且付诸行动。

支付宝的改进，让支付宝看起来越来越像一个银行账户，反映的就是客户有多少钱，这也是客户最关注的。支付宝在网页最显眼的位置，显示出客户的余额，至于其他的数据，就集中放在一边，如果客户有意愿，也可以看到自己账户明细，账户明细的显示也很简单，就是让客户知道挣了多少，花了多少，欠了多少，省了多少，很清晰、很明白。

现在是互联网的时代，人们已经开始依靠网络来解决问题，如果企业还是按照以前的思想，和客户讲这个那个，是没有客户愿意听的，客户没时间，更没耐心，所以企业就必须简化，把客户想要的展示出来就可以了，其他的放在背后。

做用户喜欢的品牌

创立一个品牌，基础就是市场定位，就算是最牛的企业，也不可能把所有的客户都揽到自己的怀里，那么对企业来说，利用自己的优势，挣自己的钱，这就是最根本的。

有一本书叫《新定位》，书中给出了五种消费者的思考方式，帮助企业更好地了解消费者。

模式一：消费者所能够处理的信息量有限，如果信息量超出其所能接受的范围，消费者就会依据个人的经验、好恶，甚至心情来对信息进行筛选。那么，如果产品或品牌能让消费者感兴趣，就更有可能让消费者记住。

模式二：消费者不喜欢麻烦，喜欢简单。尤其是在现今时代，信息大爆炸，消费者更需要简明的信息。现在的广告宣传，不需要说很多，只要说一点，可以打动消费者，那就是成功。

模式三：消费者普遍容易跟风，因为不想被别人说或者觉得买亏了，那么很多时候就会拉着别人一起买，而且会研究很多，如果企业宣传得好，产品的感受也不错，那么很容易在消费者中形成口碑。

模式四：消费者比较恋旧，信任已有的品牌，虽然新出的品牌也有吸引力，但是停留在客户记忆中的还是老品牌。

模式五：如果一个品牌的产品多元化，涉及的行业很多，那么就容易使消费者失去对品牌核心内容的认知，从而不了解品牌。

反正，互联网企业必须把这些规则掌控好，因为用户能够处理的信息量有限，产品宣传越简洁越有效，而且如果宣传的效果好，那么这种好的效果可以持续很长时间。无论哪个企业都不可能掌握所有的客户资源，那么企业就必须找到适合自己的客户群，然后向这些目标群提供好的产品或服务。

只有确定了目标群体，企业的产品或服务才能有针对性，才能做到与众不同，拉拢到稳定的客户群。一旦客户群形成，就会围绕着品牌或产品或服务形成一个圈子、一种文化，从而吸引更多的人进入这个圈子。因此，如果企业不能找到合适的目标群，抢占市场，那就注定会死亡。

追求完美，追求极致

追求完美，是产品经理必须有的一种精神，有了这种精神，才可以在设计产品的时候完全投入，不会在遇到困难的时候退缩，让自己能够在让产品完美的路上一直走，不断地追求产品的极限。

这样的精神，就可以叫作匠人精神，其实质就是很强的专注力和追求完美的精神。在现在的时代，由于环境变化迅速，匠人精神已经变得越来越珍贵，乔布斯是具有这种精神的典范，正是他的专注和坚持，

创造了苹果的辉煌。在互联网的时代，产品经理应该重新拾起这种精神，来创造最经典的产品。

2013年，笔者从广播中听到这么一个故事。20世纪初，瑞士的钟表行业就已经是全球领先的了，瑞士因此有"钟表之国"的美誉。但是在20世纪中期，日本钟表业开始对瑞士的钟表业产生了巨大威胁。首先，日本表价格低，质量也很好，而瑞士的表，虽然质量上乘，但是很贵，因为瑞士工人的工资很高，所以成本就高；其次就是电子表开始在全球流行，对传统的机械表产生冲击。当时有一种做法，就是外包，把工厂设立在日本，利用日本便宜的人工来进行加工，但是品牌和技术还都是瑞士的（有点像现在的中国）。但是瑞士的钟表业并没有采用这一做法，因为瑞士国内的表匠都是有着丰富经验的技师，他们会把表做得更精密，质量做到更好，他们还可以在原来的基础上，利用技术改进零部件，减少用的部件数量，来降低成本。而这些都是日本工人无法做到的。就是这样的精益求精，追求极致，瑞士的钟表一直都是世界上最好的。这也是对匠人精神最好的体现。

匠人精神还要求制作者或者设计者对产品充满热情。对于产品的制作者或设计者来讲，产品绝不单纯只是一样东西，这就要求制作者或设计者对产品永远充满兴趣，永远去探索和学习，保持着充足的动力。这样耗尽心血做出来或设计出来的作品，消费者没有理由不喜欢。

追求极致，就是要把产品和服务做到完美，给用户带来惊喜。就算是做好了，但是用户已经想到了，这也算不上完美。

商品管理体系的规划与建立

电子商务面对的是不同于传统环境中的消费者，因此也就需要有不同的商品策略。电子商务的产品定位、价格规划、品质要求、设计风格最终决定了传统企业电子商务的发展方向和地位。所以商品管理的首要任务就是重视目标消费者的精准定位，目标消费者定位决定产品价格的高低，也决定了对所需商品的品质要求。

"商品管理"简单地说，就是在设定的时间里以设定的价格向目标顾客提供商品，满足消费者的需求，完成企业利润目标。"商品管理"是一个完整的管理系统，是策略，并不是一个管理工具，更不是一个ERP软件。

商品管理的主要工作内容分为：市场信息收集、整理、分析，商品的定位，结构、组合的管理，商品的计划，供应链管理，渠道数据的采集管理，价格的管理，利润的控制等，是企业的核心管理体系。具有利润管理的核心功能，是通过对商品的进销存的全过程管理，及时了解销售、库存、资金的周转率等综合情况，为企业科学地制定下一个营销战略提供参考依据。

电子商务商品管理的核心在于商品流通全过程的管理，提供商品在电子商务过程中的角色定位（常规销售产品、主利润产品、冲量产品、引流产品）与产品属性特点及有效卖点。在商品管理的过程中，每一环节对应的信息都不一样，每个岗位关注的重点也就不一样。

（1）供应链管理：根据营销目标分解生产计划，选择优秀的供应商，选择高品质的商品（销量大、毛利高、吸引人、价值高）满足市场

需求。

（2）产品上架设计：调查研究消费者关注商品的哪些属性，客户关注的属性优先在网页上展示，并提炼宝贝描述，突出产品价值和卖点。

（3）运营推广及客服：熟知产品结构，熟知产品的价值和卖点，根据产品结构比例和产品价值挖掘，做到精准营销，提升营销推广的效果。客服要熟知哪些产品是活动产品，哪些产品是常规性产品，那些产品是形象产品。熟知产品详细信息，熟知产品的卖点和价值所在，能够快速回答客户的问题，提供优秀良好的服务，才能提高咨询转化率，树立公司良好形象。

（4）物流管理：确保仓库财产安全，准确掌握库存信息以及产品库位，提升仓库散单配货、发货的速度和效率。

（5）财务人员：能够清楚地知道产品销售价、分销价、成本价，快速地算出公司的应收应付账款，给公司提供优化产品线的财务报告决策依据。

电子商务中的商品管理很重要的一个指标就是对电子商务的商品规划，常分为产品规划和销售规划两个方面，产品规划主要是规划电子商务活动中的利润控制，销售规划主要是控制产品在销售过程中量的增减。

电子商务中的商品规划分为以下几类。

超低价产品，主要是用来吸引流量，存货量与库存量并不大，这一类别的货品经常是零利润甚至有的还会是负利润。

促销产品，主要用于增加店铺销售量，这类货品的库存量是最大的，单品利润并不高，通常毛利在15%~25%，但因为量大所以总体的销售额就高，利润也就高。

正常销售产品，主要丰富产品线，这类产品的库存量对商品管理的要求很高，也是所有产品规划中最需要销售数据支持的品类，合理下

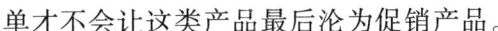

单才不会让这类产品最后沦为促销产品。

品牌形象产品，主要是为了提升品牌力而规划的，这类产品的库存量非常小，属于小批量生产的高端产品，利润率非常高，通常是正常销售款利润的3~5倍。

商品管理的另一个重要指标就是资金的周转率，因此电子商务的商品管理应该注意以下6个分析指标。

（1）分析哪个商品品类、种类的关注度较高；哪个商品品类、种类关注较低或无人关注；提前预测畅销与滞销产品，提前作促销准备。

（2）从流量来源分析自身品牌的关注度，选择适合的产品进行导流。

（3）分析点击量和点击百分比，注意商品的关注程度。

（4）分析下单量和点击百分比：通过该商品链接带来的直接下单数。

（5）分析转化量和点击百分比：通过该商品链接成功交易的直接有效订单转换率。

（6）分析客单价及相关产品购买数，研究通过该商品购买所产生的订单客单价及关联购买数。

电子商务的商品管理中对商品属性挖掘的意义重大，直接支持着视觉展示与销售服务。

产品视觉展示的必要元素有如下几点。

（1）卖点图（突出单品的卖点，吸引消费者眼球）。

（2）产品详情+尺寸表（比如编号、产地、颜色、面料、重量、洗涤方式建议）。

（3）模特图（至少一张正面、一张反面、一张侧面，展示不同角度穿着后的效果）。

（4）平铺图（把衣服的颜色种类展示出来，编辑文案引导买家产生联想，不同的颜色代表什么性格或者展示什么风格）。

（5）场景图（模特在不同的场合，引起视觉的美感）。

（6）产品细节图（帽子或者袖子、拉链、吊牌位置、纽扣）。

（7）购物需知（邮费、发货、退换货、衣服洗涤保养、售后问题等）。

电子商务营销策略

轰轰烈烈的电子商务大潮带给中小企业的感受是迎面而来的冲击——

触电是找死，不触电是等死，众多中小企业在电子商务的道路上走得小心翼翼。对于想要借助电子商务东风来转型升级谋求发展的中小企业而言，营销策略尤为重要，关系到企业电子商务的成功与否。

传统企业不能只从电子商务及互联网角度来规划电子商务，而是要站在整个企业发展战略的角度来规划自己的电子商务发展策略。与传统营销环境不同，传统企业进入互联网的角色将随着网络营销方式的变化而改变，从而直接影响着品牌的营销策略和盈利模式。明确品牌进入互联网的角色定位，制定科学合理的营销管理策略，才能有效利用不同的网络平台和渠道，来实现电子商务的营销效果最大化。电子商务不仅是将企业及产品的信息简单地搬到网络上，而是要通过网络实现企业市场的拓展、做成实实在在的生意。

许多传统企业习惯了大手笔的广告投入，比如说在央视、湖南卫视，晋江品牌包场。但是电子商务的营销推广对于传统企业来说是一个全新的课题。截至2011年6月30日，我国互联网用户已达4.85亿，互联网普及率高达36.2%。互联网的高效率和广泛延伸性让企业的营销触角伸向了全球任何只要有网络的地方，并且展开全天候、全方位的攻势，对企业营销产生了巨大的影响力。目前，中国传统企业还处于电

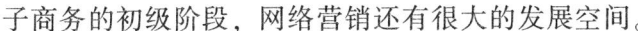

子商务的初级阶段，网络营销还有很大的发展空间。

在现阶段的营销环境中，营销的形式分为两种，一种是传统环境中的营销，也就是我们通常说的线下营销，另一种是正在蓬勃发展的互联网营销，也就是线上营销。

传统营销内容主要是以集中式传播为主，如广播、电视广告、平面媒体广告、户外广告、公关活动、事件行销、DM入户等。传统营销通常都是大投入，像CCTV-5就成就了不少传统鞋服企业。

互联网营销很难验证哪一种营销方式最直接，但最大的特点是低投入大回报。形式非常丰富，如搜索引擎、关键字、网络新闻、友情链接、论坛、电子杂志、微博等，由于网络在人们生活中占据了越来越重要的地位，许多人都是从互联网上获得更多的信息，因此，对于传统企业而言，制定一个安全的互联网营销策略极为重要。但是互联网营销是新兴模式，形式非常多，对传统企业来说是一个很大的挑战。

互联网营销是电子商务营销推广的重点，主要有以下一些方法。

一、搜索引擎是电子商务营销的重要手段之一

当我们需要上网找一些资料时，第一个想到的就是百度或谷歌。网民越来越依赖于通过搜索引擎查询各类信息，搜索引擎已成为网民上网活动中非常重要的组成部分，而搜索引擎营销也成为互联网经济必不可少的支柱力量。通过搜索引擎让目标消费者找到自己，是一种事半功倍、非常有效的营销方式。如果想通过搜索引擎真正达到营销目的，关键词设定很重要。对于关键词的设定要考虑以下几方面。

(1) 热点词汇。

(2) 搜索客户的趋向是找产品还是找解决问题方案或文献资料。

(3) 搜索客户习惯用品牌名还是通用名。

(4) 同样的产品是否有多个叫法或别名。

(5) 对核心关键字的扩展，如地名、品牌名、规格型号等修饰词的

扩展。

(6) 零星分散的搜索词积少成多，经常成为来自搜索引擎流量的主导。

比如，我们在搜索引擎框里输入"猛狼休闲裤"，就能跳出一串相关信息。

二、品牌+促销的方法

对于传统企业而言，促销的主要功能在于快速提高销售，消化库存，加快现金周转；而对于电商企业而言，除了实现上述目标，其诉求应该更高。电商企业竞争激烈，企业之间差异化不足，品牌区隔不明显，电商获取流量和客户转化的成本越来越高，所以对于电商企业，通过促销吸引并留住客户，培养客户的忠诚度并强化服务和品牌应是电商促销的核心诉求。

2011年淘宝"双十一"大促销，不少电商战绩辉煌，精彩不断，但是在电子商务业界，诸如"'双十一'活动是痛苦的，光棍节的天猫成了品牌的伤城"这样的论调也不绝于耳。很多电子商务企业都是在赔本赚吆喝。过分依赖价格战来作为发展用户的撒手锏，换取表面的繁荣，实则透支电子商务企业长远发展的未来，疯狂促销会加剧企业电子商务的运营压力。当然，在低价的同时，也有一些优秀的电商开始增加感情营销和创意设计，注重强化用户的消费体验，以此作为出路。

作为中国最大的网络零售商，京东商城在遭遇天猫、当当网等同行业者"围攻"之后，终于扔下"重磅炸弹"。

三、SNS软文推广法

选择合适的软文并合理地附带上网店链接，发表到各大论坛或自己的日志里，再让自己的一些好友分享，这样就能让很多人关注到你的文章，关注到你的网店。下面有一篇非常好的软文：

穿越世纪，百年不弃

有一种思念叫青春，

有一份记忆属于CONVERSE。

还记那双经典的"开口笑"吗？老婆

也是深秋的傍晚陪着我们走过校园的每一个角落。

还记得你球场边嘶声的呐喊吗？

我曾穿着你送的allstar屡建奇功。

如今长大的我们早已不为一双情侣款而省下一个月的早餐，但我愿如爱护第一双CONVERSE那样珍惜我们的爱情。

也许有一天我们也会老去，

但CONVERSE会见证我们彼此执着的感情。

(仅以这段短文向淘宝CONVERSE店致以敬意，让我有机会回顾那段美好的时光。

68元，让你尽享CONVERSE的百年经典。)

四、微博营销

微博是一个可供网友自由选择和交流的信息平台，无疑，微博会成为未来营销的又一重要战场。但如果广告主们试图通过单一地发布品牌硬性广告进行微博营销，不仅对于品牌内涵的深化和宣传毫无作用，还会妨碍到用户的浏览体验，进而伤害消费者对品牌的好感，显然，这背离微博营销的最终目标——聚拢大量忠实的品牌消费者。

如何创新地发布产品、品牌信息？凡客诚品（VANCL）的微博营销经验也许可以作为案例供大家借鉴。作为最早"安家"新浪微博的广告主之一，VANCL多年来培育出来的成熟的电子商务实战技巧成就了其作为广告主"围脖"明星的天然优势。在VANCL的微博页面上，你可以清晰看到这家迅速崛起的企业在互联网上营销的老练；联合新

浪相关用户赠送VANCL牌围脖、推出1元秒杀原价888元衣服的抢购活动来刺激粉丝脆弱的神经或者通过赠送礼品的方式，拉来姚晨和徐静蕾等名人为VANCL的产品进行互动，方式层出不穷。除此以外，你还能看到VANCL畅销服装设计师讲述产品设计的背后故事，看到入职三月的小员工抒发的感性情怀，对于关注话题中检索到的网民对于凡客的疑问，VANCL幕后团队也会在第一时间予以解答。

五、QQ群推广法

可以建群，加入群，定期给每个群里发相关信息。如果QQ号多，加入的群更多，如果加入的是大群，每个群中的人数更多，则宣传效果更好。即使排除不在线的QQ用户，效果也不容低估。

六、手机短信推广法

手机短信推广法包括群发短信、彩铃提示等。手机的功能越来越强，小巧且容易携带。大部分适龄人群都会配备手机。手机信息是最容易被接受阅读的信息，我经常收到一些网店产品介绍、店铺的促销活动的信息，特别是换季和节假日期间。

七、论坛推广法

在各大热门论坛注册账号，在每个论坛注册一些账号，把签名设为自己的网店。发表热门内容，自己顶自己帖子。注意换马甲，发布有争议性的标题内容。好的标题是论坛推广成败的关键。这里说的论坛泛指论坛，包含留言本、论坛、贴吧等一切网民可能聚集的地方。

八、电子邮件自动回复推广法

在邮箱中设置自动回复，把网店地址和网店介绍设置为自动回复内容。当你接收到任何一封邮件的时候，邮箱就会自动回复过去。

九、网店联盟推广法

单打独斗出不了英雄好汉，一个人的精力、时间和聪明才智终究有限，因此，要懂得借用外力。几个站长联合在一起，达成宣传共识。

在宣传自己网店的时候，顺便也捎带上别的网店。用同样的劳动，得到更多的收获。

十、创造新概念推广法

让新概念成为网店的代名词。当人们使用这个概念的时候，自然就宣传了你的网店。

给人们先入为主的信息，融入人们的生活之中，这样的宣传效果，具有不可动摇的地位。概念的名称可以固定，内容可以常变常新，满足人们持久而不断变化的需要。

十一、故事推广法

人是感性的动物，不喜欢理性的说教，但是这不代表人们不喜欢经过故事包装或伪装的说教。尽管明眼人一看就知道怎么回事，但这毕竟是少数，况且"买椟还珠"的故事在人们的消费行为中时时刻刻上演，所以，不要忽视包装的效果。如果有可能，就把你的推广行为用故事润色一下，给一个足够分量的理由为你免费宣传。比如，让网店的名称，成为整个故事的线索，成为故事走向完美结局的核心要素，成为不可磨灭的一部分。这样，人们在沉迷于故事情节的同时也会折服于创作者独特的创意，从而记住你的产品、你的品牌。

网络品牌定位的核心

有些传统企业在传统营销环境里如鱼得水，以为只要注册一个新品牌以同样的运作手法就能成功，无视电子商务的特性，其结果可想而知。

品牌背后代表的是品质、保障、文化、身份等一系列东西，传统品

牌企业最初的品牌定位是针对和影响实体消费群体，在一线商圈开设上千平方米的旗舰店，在一、二线城市大规模开店，就能获得消费者的共鸣，获得市场占有率。有一句让传统营销人奉为宝典的话：大城市多开店，小城市开大店。此宝典让许多的传统企业受益无穷，可是随着电子商务的出现与高速发展，消费者越来越呈现出年轻化、个性化、时尚化的特点。对于这些新兴消费者而言，传统品牌所具有的风格、文化内涵、价值感传递对于他们形成不了太强的网上购物引导性和趋从性，所以，传统品牌企业想要扩展网上市场，需要更多了解互联网购物人群的特性，根据互联网消费群体的特性进行定位势在必行。

网络品牌定位的核心是要先了解电子商务的本质，了解网络品牌三要素：定位、符号、关注。

电商未来三要素

电商未来三要素，即多渠道销售、社会化网络营销、移动互联网。

新的定位需要随着市场环境的不同、消费认知的不同对品牌进行不断优化。

首先，在产品方面要与线下作一些区隔，以不同的年龄人群、不同的消费习惯区隔开来。如罗莱家纺，罗莱作为国内家纺的第一品牌，2009年进军电子商务，创立LOVO电子商务上的家纺品牌，目标消费群体定位为时尚白领、小资类人群，从目标消费群体上区隔于罗莱的市场，目前已成为国内运营较好的四大家纺品牌之一。

对于电子商务产品价格的定位，许多企业主观认为网络销售主要是以低价为主，主观地以为价格越低消费者越喜欢，销量就会越大，其实在网上卖的商品并不都是廉价商品，如：GXG的一件皮衣在淘宝店里就卖到3688元。我曾在一家淘宝集市店里买过一件价值1188元的风衣。

实体店的价格经常标榜不打折，看起来很高，但实际上是虚的，真正不打折的也不多；商场里每天不停地搞活动，消费者也在等着搞活动。真正原价卖的不到30%，70%的是打折卖的，而打折后的产品价格和网上的价格也差不了多少。

对于许多传统品牌来说，上线后品牌定位的核心问题是：线上线下的品牌是做差异化还是仍沿用线下定位。

无论是传统营销还是电子商务，传统企业触网后品牌的定位，其品牌核心价值的三角定律是永恒的。

当一个品牌同时具备了目标消费者差异化和消费者价值差异化这两方面意义，就形成了难以被竞争对手所模仿的品牌定位，也就能够更加持久地保持差异化竞争优势。

定位的方法有很多，但核心只有一点：我是谁？

定位过程中主要考虑的因素有三个：产品功能、成本优势和情感体验。

任何定位都只能做减法，三个点只能取其一。无论从哪个点去确定自己的定位都要与企业自身的优势关联，让消费者可以真正感受到品牌的优势和特征，并且被品牌的独特个性所吸引，最终与消费者建立长期、稳固的关系。笔者曾经为一个休闲裤品牌做定位时，企业主恨不得让笔者把产品所有的优点当成定位的核心要素，什么品牌血统、产品环保、裤型好、工艺特殊等一个不能少，让笔者费了长达三个月的时间去为其做品牌定位，时至今日企业主还会打电话问我：定位一定要做减法吗？

互联网是一个产品信息、媒介信息爆棚的环境，传统企业品牌在互联网上的新定位需顺应消费者原有的认知，不能与其发生冲突，从而使信息更容易被消费者接受。品牌核心价值是一个蜂巢状生命体，无论哪一个节点出现问题都会导致核心价值体现不完整。特别是在互联网上，视觉的表现极为重要。

虽然传统企业具有品牌、供应链、资金、管理方面的优势，但在电子商务的实际运营中会发现，这些优势也恰是它们在电商领域健康发展的阻碍。

因此传统企业做电子商务应做到以下几点。

首先要明确自己的战略定位：是想把互联网当作一种全新的销售渠道，作为企业短期利润的增长点，还是当作一个全新的市场，在全新的市场里打造强势品牌。这两种不同的定位对应着不同的策略和方法，只有找准定位，选准策略，传统企业做电子商务才可以极大地提高成功率。

其次是要明确我们的顾客是谁，产品的目标消费者是一个怎样的群体。这些顾客群体的喜好，他们最愿意买什么样的产品，他们喜欢什么样的风格，他们一般通过什么方式进入我们的网站或商城，他们的购买特征是怎样的，他们对送货时间和速度有什么要求等，这些问题要一一弄清楚。要知道卖给白领、卖给高收入人群和卖给学生，它所对应的商业模式是不同的。只有充分了解你的目标群体，才能知道如何将产品以一个适合的价格卖给他们。

最后要明确要卖什么。作为一家新进入电子商务的公司或品牌，无论在线下实体营销环境里如何叱咤风云，都不意味着传统营销环境里的商品策略和价格定位适合互联网模式。如今越来越多的传统企业涉足电子商务领域，竞争演变得越来越激烈，门槛越来越高。在"卖什么"与"怎么卖"的问题上，有同类多品牌、不同类多品牌、单一品牌不同类等多种方式，每一种方式都会有无数的竞争对手参与其中。所以服务好自己锁定的目标消费者，以适合的价格把适合的产品卖给他们，满足他们的需求，才能有机会在互联网上成长。

商品定位及价格策略

如果是品牌商可走品牌路线，保证畅销商品价格的统一，在促销上做文章，同时对滞销过季商品打折销售，因为品牌商本身具备品牌影响力和忠实用户群。如果是零售商当然应走价格路线，零售商的存在本身就是比拼价格，线上线下皆如此。只是线上由于信息透明，销售成本比线下成本低，价格战更激烈，这是电子商务的商业模式机制所致，要去适应这个机制而不是让这个机制适应你。如何在保持价格优势、不降低商品和服务质量的同时，降低成本获取合理利润才是传统企业在电子商务活动中应该想办法去做的。

在商品结构选择上，以与实体店相同的主流商品为主，网上定制款和实体店没有的长尾商品为辅，因为大部分品类消费者还是以商品认知为导向的。线上消费者的主流需求和线下消费者没什么不同，特款和长尾商品能满足部分消费者需求，但主流需求还是需要用主流商品来满足。有些品牌商也会选择尝试打造一个网络品牌来解决矛盾冲突问题，但面对陌生的互联网世界，打造一个网络品牌其难度并不比解决矛盾冲突的难度小。

第三章

传统行业进入电商的创新课

打造综合性较强的 "零售团队"

不论业内人士，还是普通消费者，都对电子商务能够覆盖多种商品的能力惊叹不已，其实，在传统零售业中，这种现象也不少见。例如，某个休闲广场内，有各式各样的商店：咖啡厅、KTV、商场、超市、餐馆等，与散落在各个地方的门店相比，综合性较强的 "零售团队" 更容易吸引顾客。

这就给国内零售业带来了启发，若是能体现出 "集中" 的概念，就可以帮助商家赢得很多顾客，从这个角度说，选址是非常重要的。

A百货公司2014年推出了 "入会有惊喜" 的活动，一改有偿入会的情况，不仅邀请顾客成为会员，还为他们准备了精美的小礼物，一下子吸引了顾客的目光，不到一个月的时间，入会率提升了50%。

很快，百货公司将这些会员的资料整理好，并进行详细的分类，意在分析他们的购物取向，并把需要的商品信息写在电子邮件或是手机短信中，及时发送给顾客。

凭借这种方式，A百货公司2014年的销售业绩提升了不少，2015年开始，它不仅照样沿用2014年的方法，还制作了介绍不同商品的实体杂志，放在商店的一楼大厅中。虽然是杂志，但是看起来并不费劲，因为商家已经对商品种类作了整理，顾客想要什么，能够马上知道在哪里买。

与以往的零售门店管理不同，这种方式被称为"精细化管理"，它对"粗放型管理"有改进作用，让顾客觉得更贴心，而这些，是很多电商做不到的。

有人将"零售业"称为一个特殊行业，原因在于它和人们的生活息息相关，所以，商家必须令顾客感受到贴心的服务。

面对互联网经济日益勃发的情况，传统零售业者必须通过创新手段提升顾客的忠诚度，这里所说的"创新"，不是要求商家做惊天动地的大事，而是从细微处着手，帮助顾客打造良好的购物环境，包括实体环境和心理环境。

商家若是能时刻把握顾客的需求，就可以根据其购物行为的变化，对现有的购物环境和销售方式进行调整。例如，随着人们生活水平的提升，更多家庭进入中产行列，大家希望自己被称为"VIP"，这时候，商家就要尽量满足这类人的需求，一旦他们因消费达到一定水平而拥有"VIP"资格，就要及时进行跟踪式服务，增强他们对品牌的信心。

此外，提升忠诚度的另一个要求，是商家要用合理的方式体现自身实力。其中，建立自有品牌就是不错的选择。

一些实力较强的企业可以找工厂生产自己品牌的商品，沃尔玛（中

国）就是这么做的，虽然短期内商品的种类不是很多，但能够起到给顾客信心的作用。

传统行业想要建立顾客忠诚度，必须把握好最根本的东西——诚信，然后再考虑其他事情，这个过程中，越能站在顾客角度考虑问题的商家，越有可能创建自己的品牌，正因为零售行业关乎大众的日常生活，所以必须让顾客感受到商家的用心，不能给顾客提供方便，或是无法满足需求的店铺，是无法做到生意兴隆的。

有些商家之所以没成功，是因为"在一家便利店的旁边，开设了另一家便利店"，这种说法很通俗，目的是告诉零售业店主：想要开店前，先了解清楚附近有没有相同类型的店铺，避免出现与他人"分一杯羹"的情况。

不要认为无法在原先想好的地方开店，就做不了生意了，随着国内城市化水平的发展，越来越多的商圈和社区正在兴建，只要附近有居民或是写字楼，店铺就能招揽生意，尤其很多地方建设了大型商场，更为零售业者提供了选择机会。

2000年时，北京市人口规模达到1300万左右，而现在已经超过2000万人，每逢节假日，大量游客涌入北京，致使人口数量甚至最高时达3500万左右，大家都要吃喝玩乐，这就给传统零售业者带来了好商机。

在类似北京这样的城市，城中心人口密度非常高，并且城市的规模在不断扩大，让零售业者看到了商机，因此，沃尔玛、麦德龙等大型零售商，不仅在主城区有店铺，还加快了在城市边缘开店的步伐，随着城市的发展，这种趋势会不断得到强化。

不论本地人还是外地游客，到了北京后都会去王府井看看，这条承载了百年文化的名街，深深吸引了来自四面八方的人。从理性的角度看，王府井商圈并非零售业者的绝佳选择，因为这里既有外国名牌，也有全聚德、天津狗不理、综合性百货商场、王府井书店……一条街不可能容纳这么多东西，但王府井有独特的历史背景，这是其他商圈无法相提并论的。

与其相对应的是西单商圈，它以服装零售为主，沿街还开了不少饶有情趣的小店铺，加之附近有KTV、新式餐馆等，成为年轻人常去的地方，这就是西单一直保持较高人气的原因。

虽以北京为例，但充分反映了国内城市发展的情况，以及传统零售业如何演绎"集中"策略，与电商相比，传统零售业对顾客需求和消费风潮的变化更加敏感，从另一个角度说，这些对实体零售业的影响也很大。

值得一提的是，商家不仅要随时掌握顾客的最新动向，还得追踪城市发展趋势和规划。如今，不少商家将目光集中于老城区和传统商业街，忽视了新兴社区可能会带来的利润。但前者不仅租金高，还很难立足，后者就少了这些顾虑，加之后者多聚集年轻群体，更具有消费力，所以存在很大商机。

开店前不仅要想好地段，还得确定自己的品牌是否具备竞争力，很多人都看过这样一则笑话：当第一个犹太人开了超市，第二个犹太人就会开餐馆，第三个犹太人便开了浴场……而国人的习惯，是见到其他人开超市赚钱，于是纷纷开起了超市……这样说虽然有些夸张，但反映出部分零售业者的投资习惯。

所谓"集中"，是在某个范围内，存在着各式各样的商店，而不是开满了某一种商店，否则就会把顾客吓跑。

在这里，不得不提到高端商品零售业，由于信任度的问题，很多顾客还不能接受在网上购买这类商品，传统零售业者应当把握机遇，打造更令消费者满意的品牌。

与普通店铺存在区别，一个商圈中，精品店的数量必须严格控制，但可以与同类中低端商品同时存在。

例如，某个区域内，大多是平价服装店，如果出现了一两个高端精品店，则会令顾客眼前一亮，店铺优势也能很快体现出来。

当然，对于想要开高端店铺的商家来说，要先弄清楚"商圈历史"，还要看周围是否存在餐饮、娱乐等店铺，否则该区域也很难吸引消费者。

传统零售业想要与电商抗衡，就必须利用好自身优势，当不同功能、类型的店铺"集中"到一起，所蕴含的能量是不可估算的，其目的在于，让消费者体会"逛街"的乐趣，有吃有喝有玩，还能购物，这才是他们想要的，也是电商无法做到的。

用全新的理念看待批发业

任何领域中，缺少了"创新"意识都无法跟上时代主流，尤其在互联网经济飞速发展的今天，想要重振传统批发业，就必须创立新的营销模式，改变以往的经营方式，用全新的理念看待批发业，有些人称此为"救命草"，虽没有这么夸张，却也有它的道理。

之前，传统批发业者总是等着客户前来，或是只给较为固定的"老客户"打电话，这种做法有一定局限性，也是他们无法扩大规模的原因，如果只想开个"小店"，可能永远无法创建品牌，在市场中生存的危险性也越大，当行业环境不好，就有可能遭遇"灭顶之灾"。所以，把"小店"做成"企业"是最好的办法，只有这样，传统行业才会迎来生机，当然，最关键的是，批发业者要有创新意识。

　　所谓"创新"，是要创造新的"生意经"，不仅要稳住老客户，还得不断发展新客户，"等着别人来找你"的时代已经过去了，商家必须树立自己的品牌，谁的口碑好，谁就能在市场中立足。

　　李先生常年从事水产品批发，做了十几年生意，令他积累不少财富。然而，近几年的情况似乎比之前差了些，有人和他说起了阿里巴巴，于是李先生仔细研究了一下，他找到了阿里巴巴能成为"国内第一大电商"的原因：创新！

　　李先生觉得，既然要做，就得做大做强，不能仅仅满足于开小店。

　　于是，他制订了一系列方案，包括资金、客户管理、门店运营、配送流程等，意在把握老顾客的同时，不断发掘新客户，方案一定，李先生就带着伙计照做，正当大家都不相信会有成效的时候，他已经谈下了一笔大订单。

　　这笔订单是给某酒店运送水产品，据酒店负责人说，之前每次订货都要派人盯着，因为生怕出问题，而且批发商价格忽高忽低，很没有规律，似乎有点"漫天要价"的感觉，加之不带配送，酒店必须自己带车去，这些都增加了他们的成本。

　　而李先生开出的条件很诱人：只需一个电话，就能按时将货物送到酒店，由他们当面签收，非常安全便捷。

　　几次来往后，该酒店便指定李先生为他们送货，逐渐在行业内建立起口碑的李先生，不断接触其他新客户，他们都对李先生所在水产店的运营制度表示赞赏，纷纷与他签订了购销合同。

　　同行都很羡慕李先生，认为在行业环境遇冷的情况下，他还能保持营业额的增长，着实不容易。

　　在李先生看来，这一切都得益于对"创新"一词的理解，汲取电子

批发市场的优点，并找到适合自己的发展之路，通过有效"改变"，让生意更加红火。

国内批发业的增速之所以放缓，主要是因为常年固守陈旧的模式，一旦失去固定客户、遭遇房东提价，利润马上就下降了，甚至变成亏本买卖。总的来说，传统批发业者需要改变经营理念，同时对行业进行规整。

试想，如果将批发业做得像服务业一样，情况是否会好很多？届时，传统批发业者能够主动联系各个商户，例如，代理、配送、连锁、超市、大卖场、精品店等。销售渠道一旦被拓宽，资金就会从四面八方涌来。

用"小店"经营批发业，局限性特别大，而以企业的面貌出现，则会让买家增添信任感，想要实现这个目标，就必须整合好周围的资源，当传统批发业与新型企业形态相结合的时候，前者才能保持活力，不断焕发生机。

从李先生的案例看来，他之所以受到客户的青睐，不仅在于提供了物美价廉的商品，还解除了客户的一切后顾之忧，只要对方一个电话，水产品就能按时送到酒店里，这在很多传统批发业者看来是难以想象的。

在人们根深蒂固的想法中，批发业就是等着客户上门，只把东西卖出去，其他事情全部由客户自己完成。随着电商的发展，客户越来越反感这样了，因为他们找到了更好的进货渠道。

所以，想要在竞争激烈的市场中有一席之地，就必须对原先的想法进行调整，把批发业做到令客户满意，不仅要主动寻找客户，还得让他们体验优质服务，传统批发业者为客户节约时间，就是为自己增加财富。

阿里巴巴之所以能够受到广大商户的青睐，主要原因在于它所提供

的平台具有很强的服务性，如果传统批发市场也能做到这样，便有了与电商抗衡的基础。

不论什么行业，批发商都是检验产品质量、安全性的第一道关卡。因此，建立完善的检验体系十分必要，尤其是食品类，批发商在这个环节做得越好，越会受到客户的青睐。

传统批发业想要得到发展，就必须建立优质的产业带，一边集中工厂、农户进行生产，一边寻找销售渠道，当两头都趋于稳定，此条产业带才算得上"优质"。

虽然这些策略足以让传统批发业与电商抗衡，但是在未来很长一段时间内，国内批发市场还只能起到"集散商品"的作用，原因在于它们的基础较为涣散。不过，随着调整成效的显现，批发市场的功能在不断创新和完善，最终将形成科学统一的格局。

那么，传统批发市场应当做好哪些呢？

首先，要转变态度和理念，改变只关注交易量和交易额的习惯，看看自己能否为供货商、消费者提供更多服务，这是提升批发业服务质量的基础。

从另一个角度说，批发商应当是信息传播者，既要让供应商知道消费者需要什么，又要让消费者知道供应商生产了什么，这样就能改变两者信息不对等的情况，最终获利者是供应链上的所有人。

其次，大力发展产、供、销一体化经营，逐步建立更广阔的平台，这对于农产品批发商来说尤为重要。可以选择直接经营产品基地，也可以与农民联合兴办农产品基地，目的都是收集优质的商品。

与此同时，批发市场也要为零售商考虑，为其提供统一标准的农产品，对于有实力的批发商来说，也可以开设自己的连锁超市等。

作为市场中最重要的环节之一，批发商肩负着联系供应商和零售商的重任，所以，能够做到为两头负责的批发商，才有发展前景。

制造业：多品种小批量

除了不断拓宽的销售渠道和精简的组织结构，电商模式下，制造业的主流生产方式也在改变，它让"多品种，小批量"的生产模式走上"舞台"，形成"人人都是生产者"的局面。

随着科学技术的进步和人们对生活质量要求的提高，使得大众消费观更倾向于个性化、多样化、多变性。这样一来，大家对商品的包装、造型、品种等要求也提高了不少，使得同类产品需求总量减少，而对产品的规格要求增加了。

消费多样化的背后，是不同消费群体购买倾向的改变，很少会出现同一种商品生产很多批的情况，消费者的倾向越来越细致，市场随之被分为更多细小板块。

此外，消费者的喜好会随着时间的推移而发生巨大改变，这是受到潮流影响的，例如，上个月还喜欢A产品，这个月就转为喜欢B产品了，这些现象都是非常常见的。

综上所述，制造业正走向"生产品种增多，生产批量减少"的情况，若是企业还坚持单一化、大批量生产，利润必定会减少，这也是当前传统制造业所面临的问题。

而在电子商务环境下，企业可以运用管理软件，对日常工作进行科学有效的管理，管理软件中，存在若干个子系统，可以分别进行企业资源规划、监督供应链、信息系统管理、客户资料收集与维护等，只要能协调好它们，就能提高企业的运营效率。

通过互联网，企业能够快速捕捉市场信息；对电子通信手段的利

用，又能让企业很快与客户取得联系，进而商讨合作事宜，大大缩短了签约时间；利用信息共享平台，所有人都能快速找到有用的信息……

电商模式的发展，更推动了生产方式向"多品种、小批量"发展，原因在于信息更新和传递速度加快，使得制造商能够尽快获得订单信息，便于尽早对生产进行调整。

李小姐在某公司担任采购主管，临近新年，她要采购一批台历和礼物，分别送给员工和客户。由于企业是由年轻团队组成的，主要客户也以年轻人居多，所以老板特别交代：采购的物品要有个性、新颖。

按照惯例，李小姐先联系了之前经常合作的企业，对方都表示，如果只接这么小的订单，还要考虑产品的式样，实在没钱可赚，他们一般只接大订单，希望李小姐理解……

正苦恼之际，楼下公司的人提醒她，为什么不去网上看看呢？现在有这么多企业都在电商平台上，什么样的工厂没有！

于是，李小姐打开阿里巴巴，很快就与几家企业取得了联系，她分别对每家的情况作了分析，又与同事讨论了一番，等到拿给老板看的时候，老板脱口而出："今年的礼物有新意。"

就这样，李小姐选择了其中一家工厂，三周后，她就收到了所有货物，因为这件事，她还得到了老板的表扬……

现实中，类似这样的订单很多，大多数是在电商发展起来后，慢慢进入人们视野的。当消费者发现这种需求只有电商能满足的时候，便不再选择传统制造业，因为"多品种、小批量"已经成为时尚。

随着生活水平的提高，人们不再担心是否吃得饱、穿得暖、用得上，而是更多地考虑是否吃得好、穿得漂亮、用得新潮，这些信息多

半是从互联网上传开的，所以网民会以最快的速度知道现在的潮流是什么样，而传统企业的反应速度与电商相比显得缓慢，所以容易与机遇擦肩而过。

传统制造业还面临另一个问题：回款速度慢，导致企业生产能力减弱，或运营成本增加。

而这个问题在电商模式下得到缓解，客户需要的商品是"小批量、多品种"，所以回款的速度较快，这样一来，企业的资金就"活"了，有助于企业的再生产顺利进行。

由于"小批量、多品种"逐渐成为生产主流，所以推动了产品的更新换代，更新后的产品大多放在网上宣传，又给广大网民增添了新乐趣，要知道，传统行业想要制造和宣传新产品，得花费更多时间、精力、资金，相比之下，电商的优势就显而易见了。

还有，传统制造业在生产出产品后，会用自己的物流设备将产品运往全国各地，而处于电商平台上的企业，很多是通过物流公司来运送，缩短了运输周期，为企业赢得了时间。正因为每批次的产品数量少，所以物流商可以同时运送多家货物，这也提高了他们的成本利润率。随着电商的发展，很多人开始从事物流业，这又为电商发展壮大提供了保障，让电商有能力去瓜分传统制造业的市场。从这个角度看，电商处于良性循环中，而传统行业却恰恰相反。

如今，传统制造业正面临转型，这是寻找出路的关键期。当电商已经改变企业生产方式的时候，如果传统行业还是墨守成规，必将落后于时代的步伐。既然知道"小批量、多品种"是如今的主流生产方式，那么，传统企业同样要向这方面靠拢，如果生产系统能变得"灵活"，并适应产品品种不断变更的需求，制造业就能保持平稳运行。所以，企业必须更新制造技术，同时采取柔性化设计，意在提升企业在市场中的应变能力。

此外，传统企业必须面对电商横跨不同领域的现实，改变之前的想法，借助高端科技，将互联网引入企业中，通过企业内部、外部网络，将产业带上的所有环节联系起来，目的是在最短时间内对市场需求作出反应，并迅速设计出令客户心仪的产品，再快速投入生产中。

当然，越能牢牢把握客户的企业，越容易察觉他们的变化，当发现大众的倾向有所改变，就要及时对原有商品进行调整，以满足客户不断变化的需求，虽然不用每一次都进行"颠覆性"改变，但这也是延长产品寿命周期的重要方法。

还有，企业对某个产品的开发周期越长，成本就越高，加之如今的主流是"多品种、小批量"，那么，花在研发上的时间可能会更多。面对这种情况，企业更需要壮大研发团队，在此方面投入更多资金，以确保相关人员能适应工作量的增加。

Y公司是一家从事床上用品生产及销售的企业，经过长期积累，已经在市场上占有一定份额，不过，如今的家居市场竞争很激烈，稍不留神就会让别人夺走了商机，面对这种情况，管理层决定对现有的生产、营销方式进行调整。

之前，Y公司一直保持"先设计、再生产、后销售"的顺序，由图样设计部对床上用品的式样进行绘制，同时，工艺部门也会对产品的质地等进行考究，等这些都完成后，再投入到生产部门，最后进行销售。

这样一来，等到产品拿去卖的时候，消费者可能已经不喜欢这个图案了，加之门店经营范围有限，Y公司渐渐失去了往常的优势。

如今，该企业建立了完善的管理系统，由相关人员将市场调研情况发布到平台上，不仅高层管理者能看到，基层员工对此也有清晰的认识。

这样一来，市场情况就能很快传递到员工那里，加之管理层早已对这些情况进行了分析，所以有助于员工了解高层的决定，执行过程中的效率也比之前高了不少。

改变之前大批量生产的做法，Y公司开始研究不同类型客户的需求，设计和开发了各式各样的床上用品，尤其针对年轻人，推出了独具个性的产品，很受大众喜欢。

将管理系统引进企业后，不论高层还是普通员工，都会觉得信息透明了不少，原先想要了解市场信息，必须层层打听，到最后，谁也不想再费劲，只是做好老板交代的事情即可。时间久了，市场信息就很难传递到高层那里，加之高层的想法很难传递下去，等到产品下线，市场又变成另一番样子。

很多人以为是电商模式让当下的主流生产方式得以改变。其实，电商只是更能适应市场需求的变化，这正是传统企业做不到的，所以要借助网络，将已有的资源整合到一起，既能随时掌握市场需求的变化，又能让员工了解这种"变化"背后的含义。

值得一提的是，很多企业会因资源无法共享，而影响研发工作，这种情况要及时得到解决，最好是能推行"并行工程"。

所谓"并行工程"，就是将产品的研发和生产过程结合起来，通过后者检验前者，中途如果发现需要改进的地方，研发人员要马上投入工作。用交叉进行的方式完成多项任务，既提高了效率，也节约了成本，产品早一天面市，企业就能抢占更多市场份额；本企业产品比其他产品更能吸引消费者，赚的钱就更多，同时对树立品牌也有好处。

传统广告业——精确投放、整合营销传播

在这个大数据时代，传统广告业已经无法满足大众的需求，而互联网却以精准的投放能力，抢占了很多市场份额，并将大量人才招至麾下，让传统行业更感雪上加霜。互联网、智能手机、平板电脑等新生代技术产品的出现不仅改变了人们的日常生活、娱乐方式，也改变了本来约定俗成、近乎一成不变的广告行业。广告业的诸多行业做法，比如极度重视电视广告且视之为最有效宣传方式，正受到挑战乃至颠覆。

以前，一个人的一天可能这样度过：早上起来，边看着电视边吃完早餐，上班途中买份报纸，接着上地铁，下班之后会逛逛街，最后乘地铁回家，打开电视，享受下一天闲下来的时光。电视上、商业街建筑物外壁LED显示屏的视频广告，报纸上的、地铁站墙壁上的纸质广告，传统行业对这些驾轻就熟，它们知道怎么去研究这些，然后去游说各个企业，拿到它们的巨额企业广告宣传订单。但现在一切随着互联网的到来而随之改变。

广告业界一直流传着这么一句话：你知道广告投入的一半都被浪费了，可你不知道究竟是哪一半。

传统广告业无法对自己广告的实际效果在投放前就作出有效的预测。这些年，他们可以做出一个方案进行广告投放，但在广告效用的预测和跟踪调查方面则一直显得"黔驴技穷"，企业无法知道自己花在宣传推广上的巨额费用到底有几成功效；而互联网则通过对大数据系统的数据采集、监测和分析，明明白白地告诉购买者宣传推广到底为

产品或服务的销售作出了多大的推动。

碎片化带给企业的决策者更多的选择，而不再是传统广告业的"一言堂"。

A形象设计艺术学校是一家以化妆、形象设计和彩妆培训为主导的专业化妆学校，是全国化妆培训行业中的引领者。但在成立之初，由于名声较小和宣传不到位等问题，学校的生源很成问题。校长非常无助，但就在她焦急万分的时候，无意间接触到了百度广告的推广人员，了解到了百度一类的互联网技术公司在广告方面的运作方式并决定采用。采用之后，借助精准定位和定点投放广告，该学校的学员数量大大增加，据统计，有32%的学员来自"百度推广"。

人们每天花在自己的手机、平板电脑、个人电脑上的时间越来越多，而互联网则是人们每天在这些设备上接触最多的媒介，如果说2000年人们还在流连于门户网站的信息全面，那么时至今日，互联网则把人们导向各个地方：社交，团购，搜索……作为一个消费者，你在互联网上的任何踪迹，后台数据系统都会加以记录分析和处理，最后整理出一份消费者行为报告，为企业的决策提供有力的现状分析和数据支持，接着会为企业量身定做推广方案，使之在目标人群迅速提高知名度，促使其购买，最后数据反馈系统则会严格监测推广活动的实际效用。而关于上述所说的一切，传统广告业引以为傲地对消费者的了解和洞察在新的技术和行业做法面前显得茫然而无力。

W公司是一家位于山东立足于食用油生产和销售的明星企业，而花生油则是该公司的拳头产品，不仅在山东省当地，在全国范围内也为消费者熟知。由于该产品的重要性和受众广泛，W公司任何关于这项产品运营战略和未来走向方面的决策与行为就必须非常慎重，遂求助于一家当地知名的互联网公司。互联网公司则发挥出了对海量信息的快速处理能力，快速而有效地进行数据采集，提供可预测效用的解决方案，最终，针对15亿份网络帖子中的50万处关于该花生油的讨论使得公司制订出下一个推广方向：鼓励人们挖掘出花生油在食物烹制上的各种别样用法，这是一个包括电视、互联网宣传广告等的一个大型营销活动，最终使该品牌花生油名声大噪，销售量大大增加。不难看出，在这个成功推广方案的实施前后，以大数据为核心的新广告行业做法可以为企业科学分析现状、优势、威胁和前景，有力支持正确决策。

"大规模投放广告"曾经被证明是最有效、最能解决企业问题的方法，但随着新技术的蓬勃发展，已经有越来越多公司转投向"精准投放"的阵营。正如一句广为流传的名言：市场是判断真理的最有效手段，企业主们的选择证明了"精准投放理论"是最具有实用性的，互联网公司推出的服务物超所值、有效，实际效果可以通过数据呈现。以我们熟知的"百度推广"为例，通过人群定向、主题词定向的精准定位方式，分析用户的行为方式，将最有效、最具有竞争力的内容投放到市场上，以获得最好的推广宣传效果。

几年前，众所周知的黑人集团推出了一款为公司期望甚高的产品——"黑人透心爽牙膏"，产品的推广问题就成为公司的重中之重。经过慎重考虑之后，他们决定采用当时还算"初出茅庐"的网络推广，并且找到了国内互联网巨头腾讯公司，为其作全面的推广宣传。

腾讯经过对产品的全面研究和先期对该行业销售数据的全面采集分析后，确定了此次网络推广活动的目标人群——18岁至24岁之间、喜欢新鲜刺激事物的年轻人，这帮人对新兴的网络世界非常熟悉和着迷，

而在这款产品的网络推广活动中，应该抛弃传统广告业对产品性能的一味宣传，需要有更鲜活、更好玩的元素加入，才可以达到预定目标。

活动鼓励年轻人"抛开平淡2D生活，走向3D立体人生"的新体验。网友将自己的照片上传至网站后，照片会自动被制成2D画面，如果想把自己的呆板、与其他人一样的2D照片变成好玩的3D立体画，就需要找到活动中房间里隐藏的道具，而寻找隐藏道具的关键就在黑人牙膏的广告视频里，而网友们都想快点找到隐藏道具，只得一遍遍仔细观看和研究黑人透心爽牙膏，最终找到道具，得到自己照片好玩的3D效果图。在活动中，让参与者在不知不觉中接受到了新产品的介绍和品牌教育。

2011年春节前夕，腾讯公司再次为联合利华旗下的著名茶品牌立顿奶茶做了一次定位精准的互动推广活动。腾讯发现，现在的网民更趋向于私人定制化，趋向于与众不同。而时间又接近年末，于是腾讯决定采用在立顿奶茶形象基础上的过年送祝福活动，活动一开始就非常吸引人眼球，因为腾讯很好地抓住了用户求异的心理，用户选择飘出不同祝福的立顿奶茶，点击后还可以选择不同的面部形象，再根据自定义头像自动制出各式各样的祝福视频，重点是做一个私人定制化的动感拜年视频，大大增加了过年的喜庆气息。由于此项活动十分成功，获得了数千万的转载和上亿的浏览量，曾一度导致网站瘫痪。而在整个过程中，立顿奶茶通过成本极小的推广费用就造成非常大的影响人气，腾讯通过简单的技术创新，把单一的视频观看变成用户自己制作和互动，就达到了非常好的宣传效果。

与此呈鲜明对比的是，传统广告行业一条电视广告可能要花掉雇主几十万甚至上百万元的预算。一个创意人员花费数个星期想出来的宣传创意，是不会允许你说一个"不"字的，否则你面对的可能就是他的雷霆咆哮和暴跳如雷。在诸多媒介中，广告代理公司一直呈现在企业面前的理念是：30秒电视广告是最为有效的传播方式。但其实电视广告的效果远非他们说的那么好，但是它最贵。而越贵，广告公司赚得就越多。

得益于大数据的精妙处理和精准投放，同样是一段广告宣传视频，新技术公司花的钱可能只有传统广告业十分之一甚至二十分之一，但效果以及配套的后续服务会让传统广告公司汗颜。

现今，许多刚刚起步的传播公司，不同于传统广告公司的做派，它们没有高耸入云的摩天大楼，不在高级餐厅吃饭，不会为了拍一段视频花去数个星期的时间，过去花费数百万元预算的一段视频，在这种公司只要数万元投资就能拍出好几段不同场景下的各式各样的宣传广告，接着会使用数据库对视频的实际效果进行监测、分析，然后再进行大范围推广。

数据库是互联网平台上的亮点，也正因为大数据得到精准投放，所以传统广告公司的运营理论便成了"纸上谈兵"。即便传统业者再坚持，事实已经说明了一切：在互联网面前，传统理论已经站不住脚了。

面对这样的现实，传统广告公司如再不采取行动，后果一定很惨，但也不能过于盲目，而是要从创新的角度出发，只有"出奇"，才有可能"制胜"。

设计出精美的广告后，接下来要做的便是通过各种方式将作品传播出去，面对互联网占据"半壁江山"的现状，传统广告业者如果不能积极拓展传播方式，将会把自己逼进死胡同，在这个"酒香也怕巷子深"的时代里，不仅要把握原来的传播介质，还要借助新媒体，才能在空前复杂的环境下，杀出一条路来。

新媒体不断出现，虽然令传播环境更为复杂，却也给广告业带来更多机会，当其他广告业者都通过不同媒介进行宣传的时候，还使用单

一介质的企业就会陷入困境。

此时，广告业主要采取新的传播方式，将营销传播工具整合起来，以实现传播品牌的目的，不难看出，传统广告业者正面临前所未有的挑战，必须拓展生存空间。

广告是做给大众看的，广告业主只有了解大众的心理需求，才能更好地投放作品，这样一来，与大众的沟通就显得尤为重要了。

传统广告业与互联网相比，正因为缺少了这个"沟通"环节，所以无法做到"精准投放"，但广告业务借助互联网工具后，就能知道更多人的心理需求。

所以，传统广告业不能排斥互联网平台，应当适时地尝试这种新传播媒介，同时做好传统的广告服务，有利于其获得更多利润。当公关、促销、直销、互动行销等工具被统一利用的时候，广告的传播效果才能实现最大化。

真正优秀的广告，既不能将太多要素融合在一起，也不能过于单一，而是要采取营销整合方略，其中的关键在于要素之间是否有联系。

2003年，雅客V9在央视发布了名为"跑步篇"的广告，给观众很大的震撼，也很有感染力，一度被评为当年"最有创意的广告"，片中，周迅巧妙地将该产品的功能描述出来：每天两粒雅客V9，补充每日所需的九种维生素。同时，片中的所有人都通过跑步将体育精神展现出来。

这就是广告业的"整合营销传播"方式，通过简单的表达，将多重要素呈现出来，正因为这些要素之间存在很大关系，和大众的生活贴合得较紧密，所以很容易被接受。

有些广告做得不好，是因为没有将商业元素"掩盖"好，所以很容易被大众看出来噱头，因而令人很反感。新型广告将商业要素融合到主体元素中，让大众看到产品价值，广告就容易被人接受了。

广告业者要意识到"营销"的重要性，不仅要设计出更出色的作品，还要对广告进行精准投放，通俗地说，就是把广告投放到需要的人手里。

想要实现这个目标，必须借助互联网平台，从大众的点击率中看出他们分别对什么样的广告感兴趣，再投放到他们的邮箱、手机等私人空间中，这样既节约了广告商的成本，也通过广告提升了营销效果。

除了这些，依托互联网平台还能加强广告商与大众的互动，正因为广告的投放很精准，所以才能引起对方的兴趣，有利于商家和消费者进行一对一的沟通，甚至直接销售。当广告能够帮助品牌实现这些，该广告商也会获得巨额利润。

A广告公司常年为各品牌提供广告代理服务，眼看互联网日益盛行，所以同时借助该平台投放广告。

去年，A公司为某品牌手表做宣传，成品出来后，不仅沿用了传统投放方式，还对各网站进行有选择的投放，结果，该品牌所推出的新款产品大卖了整整半年。

原来，互联网平台先对大众的资料进行筛选，谁在近期查看过类似产品，就向他们投放广告，谁对产品感兴趣，只要点击它就可以了，自动链接会将大众引入该品牌手表的销售网站。

可见，广告作为一种营销手段，必须以后者为最终目的，并合理利用好互联网等平台，通过多种传播方式，将广告投放出去，意在令广告更具有个性。

面对广告行业竞争日益激烈的情况，传统广告业者如果不能意识到营销的重要性，就无法做出令品牌名声大噪的广告。想要改变这一现状，必须把能反映产品的核心元素融入其他元素中，既展现了产品的

特性，又令广告有良好的整体效果。

当然，最重要的是如何进行投放，广告商同样要以营销为目的，将广告公布给最需要的人，因为这些人有可能会去购买该产品，不论借助互联网平台，还是传统媒介，都要先考虑好：这些消费者是否会对产品感兴趣。

旅游业：和酒店共谋发展

随着互联网技术的发展，它已经将酒店业带上了一个全新高度，令还保持传统经营方式的酒店担忧不已，面对营业额不断下滑的情况，想要重整旗鼓并不容易。

增加消费者的体验

虽然一些酒店的位置很不错，但在这个"酒香也怕巷子深"的时代，不借助更有影响力的工具对品牌进行宣传，酒店就无法经营下去，即便将房间打扫得极为干净，消费者不了解，房间还是空着。所以，当务之急是利用互联网平台对酒店进行宣传。

说到这里，很多人会想到建立官网或是与旅游中介公司合作，但这些更适合于资金较为雄厚的企业。我们先来说说小规模酒店用小成本营销的方法。

如今，互联网平台上出现了很多社交网站，在这里注册通常是免费的。还没有接触互联网的传统酒店，可以从这里出发，拍一些精美的照片放在上面，然后写几段优美的文字介绍，值得注意的是，该账号一定要能反映酒店的特色，找出可能令消费者感兴趣的要素，将它们宣传出来，意在让消费者感受到：这就是自己想要的住宿环境。

一般来说，公共平台都设有留言功能，酒店推出了新活动，或是想要增加新设施，都可以先公布出来，接受大家的评论，听听消费者是如何看待的，有利于酒店找到现有模式的漏洞，从而进行有效调整，这么做同样是为了提升消费者的体验感。

彭女士在厦门开了一间"客栈"，由于临近海边，良好的地理位置帮她收获了不少"银子"，但在互联网日益发展的今天，彭女士客栈的入住率在递减。

厦门是个旅游城市，每年都要接待很多客人，加之她开店时间比较长，又善于布置，客人多半是经过客栈门口时便决定住进来，有的是通过朋友、熟人介绍。

为了扭转当下的情况，彭女士分别在人人网、新浪微博、微信等社交平台上注册了账号，以客栈名字命名，先将亲友加入"好友"中，彭女士再让大家帮助转发，一时间引来不少人的关注。

虽然只是一些免费的社交平台，但彭女士对此却非常认真，对于客人的提问，她都很耐心地回答，还时常公布客栈的新照片。例如，当季种植的花草、推出的优惠活动、客栈布置新景象等，对于这些，大家纷纷给予留言，彭女士也从这些留言中看到了不足之处，并尽快予以调整。

不论去过客栈的人，还是在社交平台上认识的新朋友，彭女士都非常友好地与他们沟通，加之她的性格很活泼，所以大家也都很喜欢以这样的方式和她交流。

这些通过社交平台认识的朋友，有些慕名去了彭女士的客栈，有些推荐朋友去，回来后常用赞扬的语气评价该客栈，令它的人气增加了不少。

在接触互联网之前，彭女士也知道要为住客创造环境，却常常提供了他们不需要的东西，也不知道住客真正的需求，等到接触了互联网后，这个问题才得到很好的解决。因为商家能了解到不同消费者的需求，从而寻找产生需求的原因，就可以对客户进行分类，以便今后能找到更多满足住客需求的途径。

传统酒店业存在两大问题：管理跟不上时代发展和缺少营销渠道，通俗地讲，就是不知道如何帮助客户创建想要的住宿环境。

虽然不少商家也借助互联网对酒店进行宣传，但却不知如何解读消费者的需求，所以在改进住宿环境之后，并没有达到预想中的效果。

与互联网链接之后，很多消费者会对酒店服务作出评价，此时，一定要收集有用的信息，争取将细节工作做到位，这个过程中，还需要服务人员有足够的观察力和耐心。

例如，对出差或是跟团旅游的住客，在进行客房服务的时候，可以在窗帘中间留出一条缝隙，以免他们因迟起而耽误行程。

可见，酒店越注意整理住客的资料，就越能为他们提供细致的服务，如为带婴儿的住客提供婴儿床，为感冒的住客送上药品，及时提醒住客外面是雨天，等等，这些细节都将增加消费者的体验感。

位于某市的甲酒店，具有四星级标准，前几年开始，它就建立了官网，很多住客在网上进行预订，营业额也比之前高了不少，加上不断更新设施，并且定期推出特价房活动，2013年，它的利润增加了20%。

这一切都源于甲酒店对住客要求的掌握，尤其是细节上的，对方登记后，内部系统会提示哪些住客今天过生日，酒店会在客房服务的时候将生日卡放在桌上，这个举动令不少住客很感动，还常在评论栏中提到此事。

某次，工作人员在整理房间的时候，发现住客的皮鞋有点脏，于是

将其擦得干干净净。这位住客回去后，给了该酒店很高的评价，原来，他是去出差的，那天正好要赶着见客户，没想到皮鞋已经被擦干净了，为他节约了时间。

在甲酒店的官网上，几乎全是来自住客的好评，说该酒店预订起来很方便，服务很周到。

在甲酒店看来，通过这些评价，能了解住客的潜在需求，尽管酒店目前的服务已经令大家满意，但住客的需求还是会不断变化，所以要及时掌握他们的动态，随时提供细致入微的服务。

传统酒店在借助互联网之后，便向住客开启了一扇"便利之门"，酒店必须将能够提供的服务全都公布出来，住客才有可能选择，其中就有很多"软要素"，需要酒店保持灵活性，看到需要服务的客人时，就马上接过来，或是在工作过程中不断挖掘住客的需求。

总之，想要令住客对酒店服务满意，就必须进行深度挖掘，借助互联网只是其中一个方面，但若是酒店做得好，则会从网上留言中反映出来，这是个循环的过程。对于传统酒店业来说，提升服务质量，并注重个性化，再利用互联网平台进行宣传，是非常有效的。

旅游业、酒店业共谋发展

不难发现，酒店业与旅游业是紧密联系在一起的，不论打开旅游社交网站，还是本地生活网站，都有非常贴心的酒店预订服务，这就给传统行业一定启发：若是让旅游业带动酒店业，两者都将获得不错的发展。

就国内目前的情况看，旅游业稍稍领先于酒店业，加之近几年国家大力宣传旅游文化，并推进城乡一体化建设，令越来越多的城市变成旅游休闲的好地方，随之而来的是各品牌酒店的入驻。

旅行社向消费者提供路线详情的时候，很少有人将"住宿"作为重

点介绍部分，往往只是一带而过，告诉消费者：我们住五星级酒店就可以了，很少会介绍其中的设施等，这是一种资源浪费。

某机构曾作过一项调查，在参与团体旅游的时候，超过一半的游客觉得酒店并没有让自己获得更好的体验感。

在消费者看来，住宿是整个旅行过程的重要组成部分，若住得不好，就会影响心情，而导致很多游客心情不好的原因，是住宿和预想有差别。既然如此，就必须让游客知道住宿情况，该酒店有哪些服务亮点等。

目前，很少有旅行社会将住宿情况详细地告诉顾客，这让顾客很疑惑，也令旅行社的工作陷入被动，但也不能做得过于明显，否则有向客人推销酒店之嫌，同样让顾客产生反感情绪。

甲旅行社与位于某度假村的乙大酒店是长期的合作伙伴，并签有好几份合作协议，从酒店建成开始，旅行社每年要带10万名游客来度假村，第一住宿安排地就是乙大酒店，可以说，由于甲旅行社的关系，该酒店每年的营业收入是非常可观的。

酒店动工前，就已经联系了旅行社，希望寻求合作机会，而甲旅行社在挑选合作酒店的时候，亦非常仔细，不仅看硬件设施，还看服务质量，经过几番考察和研究，终于与乙大酒店达成合作协议。

几轮合作之后，双方都觉得彼此能成为很好的合作伙伴，于是考虑签长期合作协议，协议非常详细，将可能出现的问题一一列明，其中包括节假日酒店房价、每年返利、突发情况处理等，由于两企业一直将沟通看成解决问题的唯一途径，所以在合作的这几年间，并未出现重大分歧。

不少旅行社将自己与酒店看成竞争关系，这是不正确的，作为两个密不可分的行业，若能长久保持良好合作关系，收益的不仅仅是顾客，它们两个也会成为赢家。

　　想要令合作顺利，保持沟通是很有必要的，例如，当酒店遇到突发情况的时候，需要及时通知有长期合作关系的旅行社，明确告诉它们不要在什么时间段内安排游客，或是目前不确定房间情况。如果需要安排，应当提前多久通知等，以免出现无法为游客安排房间而导致不愉快的事情发生。

　　通常情况下，酒店和旅行社要保持密切联系，不仅可以避免出现退团情况，同时还会增加酒店的入住率。

　　眼下，国家大力发展旅游业，每次开发一个景点就会有酒店入驻。总的来说，酒店业是靠旅游业带动起来的，前者作为后者的"配套设施"，应当成为旅游服务中的亮点，甚至在必要的时候需配合好旅行社的工作。

　　有的酒店在经营过程中，常出现为了迎接散客光临，而故意告知旅行社无房间的情况，缺少坦诚态度，旅行社就很难再信任酒店。虽说酒店不受旅行社的支配，但需要有大局意识，规划好酒店房间安排，尽可能与散客、旅行社分别沟通，最终保证不耽误两者入住，避免在节假日等特殊时间大量给散客留房间，而错失了与旅行社长期合作的机会。

　　当然，即便酒店再周密安排，也有可能临时出现无法为旅行社安排房间的情况，这时候，酒店管理者要及时与附近同档次的酒店联系，看是否能将游客安排到那边住宿，并根据情况，决定是否需要给该团队补差价，这要与旅行社方面沟通好，以免产生误会。

　　随着人们生活水平的提高，在节假日里选择出门旅游的人也增加了，面对这种情况，酒店应与旅行社提前达成协议，看看如何调整价格才合理，既能保证酒店的利润，又能提高旅行社客流量，避免游客因价格浮动过大，而放弃该社团。

　　因此，旅行社在组织活动之前，要先与酒店联系好，这是行程中最

重要的环节，两者长期保持战略合作关系是十分必要的。过去，旅行社和酒店都只关注房价，导致缺少合作精神，就无法为游客提供质优价廉的服务，面对互联网的侵袭，需要调整之前的观念，两者都应将自己置身于良性竞争中，才能保持传统行业的生机。

餐饮业：线上平台带动线下实体店

说起消费者在网上订餐的原因，除了方便外，还能得到实惠，也就是"折扣价"，尽管有些传统餐饮商家也会推出一些活动，但在大众的心里，已经将互联网与折扣联系在了一起。

对于习惯了网上找餐馆、订单、支付的消费者来说，再让他们回到原来的餐饮模式中，几乎不可能，所以，传统餐馆应当马上改变现状，避免出现关门的情况。

做好O2O平台

所谓O2O，就是让线上平台带动线下实体店，如果在商家去实体店之前，互联网平台能解决其他一切问题，消费者就会觉得既方便又实惠，所以，互联网餐馆做得好不好，关键在于"O2O"。

传统餐馆都是用传统广告方式去招揽客人，例如，发宣传单、在媒体上做广告、在店门口张贴海报等，直到互联网中的O2O模式出现，商家才开始在线上揽客，不得不说这是一场行业变革。从目前的情况看，这种方式既节约成本，也充满个性化，很符合当下人们的需求。

我们不妨将"O2O"看成一项营销策略，与其他策略不同的是，O2O能够将互联网平台上的优势全部集中起来。

曾有专业人士表示，随着餐饮行业的互联网意识的增强，加之熟练运用网络工具，互联网与餐饮业的联系越来越密切，不少网站放低了对线下客户的门槛。可想而知，在未来几年，会有更多餐馆加入到互联网行业中来，到那个时候，传统餐馆就真的看不到客人了。

哗啦啦点菜网是一家提供移动互联网自助餐厅服务的企业，它开创了网上点单业务，消费者可以在电脑、平板电脑、手机上随意订座、点单、支付。哗啦啦网站上都是比较有名的优质餐厅，不仅给大众选择的空间，还保证了用餐质量，更重要的是增加了消费者的体验感。之所以能做到这一切，关键在于网站有强大的技术支持。在网上开设虚拟餐厅，是对实体店在时间和空间上的延伸，尤其针对年轻人和特殊职业者，专门推出了24小时不间断服务，实现随时、随地订餐。

既然致力于做优秀的互联网餐饮平台，哗啦啦在邀请商家进入平台后，会将其资料写清楚，包括位置、营业时间、特色等，然后将反映餐厅环境、菜肴品质的照片纷纷贴在网上，供消费者查阅，而点单环节则很简便，直接点击"我要点单"就可以了，选择好所需要的东西，提交一下，再把钱付了，消费者只需去吃就可以了，对他们来说，可以节约很多时间。

与其他互联网餐厅不同，哗啦啦有更加统一的服务标准，订餐都有时效性，若有些客人因为突发事件无法按时到达餐厅，或是临时决定不去了，哗啦啦网承诺订单可以"过期退""随时退"和"提供发票"，这就解决了很多客人的后顾之忧。

正因为哗啦啦在线上推出了很多"诱人"的条件，客人才会选择这个网站进行订餐。

在O2O平台中，线上能给予消费者越多优质服务，线下实体店就能获得更多收益，两者是互相依附的。线上这么多有实力的互联网餐厅，

线下实体店可以通过合作把门店的业务带动起来。加入的商家越多，平台越广阔，"线上"能推出的"福利"也就越多。通过互联网，把线下餐厅的优势全部集中起来，再在线上平台设计出优秀的营销模式，这便是它击败传统餐厅的方法。

在互联网模式下，各商家似乎把服务标准提升了不少，相较之下，消费者更加不会去传统餐厅吃饭了，因为那里的服务水平比互联网餐厅差远了。

想要揽到更多客人，就必须用优质的服务、公道的价格、可口的菜肴打动他们，互联网餐厅能轻松做到前两点，并通过提升线下餐厅的营业额，让他们可以在改进菜肴上投入更多资金，传统餐厅想要实现这个目标却面临很大难度。

挖掘传统餐饮业的互联网基因

当互联网以迅雷不及掩耳之势横扫各个行业的时候，餐饮业同样悄悄发生着变化，虽然已经有不少餐馆借助互联网平台进行宣传，但大多没有做到极致，以至于白白浪费了很多资源。可见，当餐馆经营者能够充分利用互联网资源的时候，生意肯定比之前还要好，甚至能够形成自己的特色，成为招揽顾客的亮点。

很多餐馆接触互联网的时候，只发现了它的宣传功能，甚至到目前为止，还有很多餐馆没有"触网"，就在很多人还没有弄清互联网是如何操作的，或是以为只要在互联网上宣传，餐馆生意就一定很好的时候，有人提出这样的观点：用互联网思维去开餐馆，这个想法实在棒极了，因为互联网不只是个工具，还能引发经营者的思考，要充分挖掘传统餐饮业的互联网思维。

2015年，位于江苏的A酒店率先建立了一个面积达20000平方米的中央厨房，在这里能够实现统一采购、制作和配送，最大限度地节约了

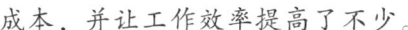

成本，并让工作效率提高了不少。

到了下半年，该酒店又引进了机械手，它代替人工作业之后，每个月为旗下40多家门店节约了将近60万元的成本，一年下来就是720万元。

可见，用互联网思维进行管理，能够从根本上解决资源浪费的情况，从而提升餐馆利润。A酒店正是借鉴了互联网的创新思维，将工厂中的"生产流水线"搬到餐馆里，先整合人力资源，再设计一整套流程，当每个环节上的员工都能按时完成任务时，餐馆的整体销量就增加了。

等到"流水线"实验成功后，餐馆又强化了"工厂型"厨房的设备：让机械手加入，再次降低成本。

然而，将互联网思维用于餐馆经营中时，还要观察它的另一个特征：24小时开放，只要你身边有网络，就可以随时随地上网，以满足人们的需求。现实中，对于有条件的餐馆来说，能够24小时开放肯定会比平时多赚一些钱。

但并不是每家餐厅都适合这么做，例如，麦当劳和肯德基有很多家店就是24小时营业的，因为它们是快餐，人们随时都可以吃，并且非常方便。

还有，一些带酒店服务的餐厅快餐部，同样可以实行24小时营业，其他餐馆因为要考虑到成本，是否需要做成"永不打烊餐馆"，就要看实际情况了。

此外，还有一些人利用微信、QQ等社交工具，将朋友召集到一起，开了个"大众餐馆"，尽管没有很多资金，规模也非常小，但还是有很多人光顾。非常有趣的是，这些客人当中很多为经营者的朋友，而且是通过聊天工具结识的。

对于这种经营方式，大家都习惯叫它"众筹"，即很多人出资共同

创建了餐馆，大家通过互联网将熟人叫到这里来吃饭，主要是给朋友捧场，图个热闹，所以这种方式颇受人喜爱。

从营销的角度说，"众筹"是个比较抽象的概念，由于是小本生意，所以无法去专门的社交类餐饮平台上作宣传，所以选择了这种低成本营销手段，但回报却是显而易见的。一位开"众筹"餐馆的经营者说，如今，顾客只需要加他们的公共账号为好友即可，如果想要过来吃饭，可以先在微信上告知所需要的菜肴，等到他们来了，就可以直接吃饭，这样就方便多了。

由于借助了网络工具，经营者和顾客之间在沟通的时候，就显得方便多了，经营者应当鼓励顾客将对菜品的意见说出来，并在及时改进后，通知这位顾客，请他再来尝尝，如果顾客觉得哪个菜好吃，应当鼓励他们转发给朋友看，如果推荐成功，还可以给予一些小奖励，这些都是增加餐馆人气的好办法。

所以说，当经营者用互联网思维去考虑如何管理的时候，就会发现传统餐馆所隐藏的"互联网基因"，让品牌更有知名度，从而提升营业额。

金融业：在相互融合中相互学习

尽管银行一直在大众生活中占有非常重要的位置，但当互联网涉足该行业的时候，它还是被深深影响了，通过网络转账、支付，不仅更方便，同时还免去了一些额外费用。这还不是最主要的，关键原因是大众已经习惯了互联网平台上的金融产品。此时，银行恐怕是真的要面临危机了。

在中国经济市场化不断深入发展的今天，政府对于金融市场的管制也正在一步步放开。存款保险机制的完善、《破产法》的设立，意味着银行也有可能倒闭；贷款利率管制完全放开后，存款利率市场化的进程也在加速推进之中，银行能够轻松赚钱的时代将一去不复返；随着民资被允许进入银行界，传统银行也将面临更为强烈的市场竞争……

扬长避短，以服务制胜

从"贷"到"转"，再到"存"，互联网金融正一步步打乱传统银行的布局，在传统银行本被"钱荒"折腾得疲于应对时，马云的搅局、互联网金融的爆炸式发展，更让传统银行的发展陷入僵局。

从互联网企业发现小额贷款市场的空白时，众多互联网金融企业就一头扎到这片利润"蓝海"中。从各种小贷公司，到P2P（个人对个人在线贷款），再到京东商城推出的"京东白条"服务，那些被称为入市不多时的互联网企业，正在这片被传统银行放弃的市场上做得风生水起。传统银行从业者或许不明白，明明那些小额贷款者资信条件那么差，小额贷款也无法提供可观的收益，为什么互联网金融却一点不介意，还真能从中赚到钱，而且坏账率还不比自己低？

因此，很多银行也开始开展自己的小贷业务，希望抢回本属于自己的小贷市场。但是，这样的盲目模仿、同质竞争真的有用吗？

"双十一"已经被淘宝塑造为全电商的"网上购物节"，当各大电商纷纷推出优惠，希望抢占"双十一"时，那些卖家却"痛并快乐着"。

淘宝网的一家金皇冠店家李某在接受采访时说道："去年'双十一'，如果你这家店缺货七八次，就会被踢出局。为了不出现断货，必须加大库存，这时就非常需要贷款支持。""双十一"无疑为这些卖家创造了"收入破表"的机会，但没有资金支持，卖家就拿不到货，也就赚不到钱。

想要贷款，一般人自然会第一个想到银行。可是，当卖家来到银行

时，复杂的程序、固定的期限、没有抵押物，都让贷款成了难题。银行并不是没有看到这片市场空间，按照浦发银行中小企业业务经营中心某经理的计算："按最简单的数据模型去测算，淘宝上的电商企业融资需求的总量大概为3000亿元，这是非常庞大的市场。"要知道，阿里小贷在推出一款总额为5个亿的信用贷款后，仅仅28分钟内，就被2800个卖家一抢而空。

在这种情况之下，招商银行也推出了自己的小贷业务。但是，根据业内人士的透露，"根据监管的精神，小企业信贷中心需要更专注小微企业，并不能囊括所有中小企业信贷业务"。招商银行不得不采取"分而治之"的运营模式，让小企业信贷中心管理小微型客户的贷款需求，并在各地分行设立中小企业金融部，管理中小企业贷款业务。

然而，思路是好的，实践起来却有很多问题。因为两个机构的覆盖区域是有差异的，有的区域并没有小贷中心，只能由中小企业金融部代管。可是，两个部分的业务核算又是相互独立的，在划转业务时，内部矛盾逐渐升级。

除了内部原因之外，招商银行在真正发展业务时也发现，出于制度设定，传统银行在贷款程序中需要客户提供的材料太多。而对于那些小微电商企业而言，每要他们多提供一份材料，10%~15%的客户就不来了，如果要提供10份材料，那么一半以上的客户就不来了。

虽然招行的小贷业务仍然在进行着，但相比于阿里小贷等小贷公司，高昂的业务成本、被稀释走的客户，让招行的小贷业务利润实在无法与之媲美。

其实，作为金融界一直以来的龙头，银行不仅在过去、在现在，即使是在将来，也都将在金融市场上占据无可替代的地位。面对互联网金融业的搅局，传统银行完全无须妄自菲薄，只需利用自己的强项与之竞争。

银行有着庞大的资金规模、丰富的网点资源，而且在中国，银行还有着任何金融行业所不具备的安全性。这些是传统银行的靠山，互联网金融之所以能够迅速发展起来，更多的是挖掘了传统银行所忽视的"小、微、散"需求，无法对银行的主要利润造成致命的威胁。

当然，居安思危，传统银行由于一直没有竞争对手，而在很多方面存在弊端。尤其是银行的服务，一直被所有用户所诟病。银行服务态度差、排队时间长，而且程序复杂，这些都使得互联网金融业在出现之初，就能够凭借出色的用户体验引爆市场。

互联网金融业分流银行业务时，正是银行自我改革的最好时机。乘势改革，将服务的理念融入发展模式中，以优质的服务、高效的程序，去服务那些能够为银行带来更多利润的客户，银行就能够在金融界屹立不倒！

指尖上的便捷服务

在各大银行的官方网站还未完善之时，互联网金融业就早早地从电脑走向了手机。3G网络的普及、4G时代的到来，智能手机的全民化，超高的便携性，让移动智能终端超越电脑，成为最受用户欢迎的上网渠道。

2013年第三季度，中国第三方移动支付市场交易规模已经逼近3000亿元，而前三季度的累计规模也达到了5000亿元（据艾瑞咨询公布的数据）。在第三方移动支付交易规模的迅速扩张中，我们能够明显看出，相对于以电脑、银行卡为渠道的互联网金融业模式，消费者明显更喜欢这种指尖上的便捷服务，中国互联网金融也得以正式迈入移动金融2.0时代！

作为传统金融行业的代表——银行，在看到互联网金融业的火爆之后，自然不会再在移动互联网金融市场上"消极怠工"！事实上，移动金融2.0时代的概念，正是由浦发银行于2013年6月所发布的："手机银

行不仅应囊括几乎所有的传统网上银行金融服务功能，并能根据手机随时随地的特点，围绕位置服务和线下支付，提供具有渠道特色的生活服务，其在金融服务和生活服务的全面覆盖能力上已超越传统桌面互联网时代的网上银行服务。"

但在行动上，银行却无可避免地再一次被互联网金融企业所"碾压"，毕竟，最先进入移动智能终端的，正是这些互联网企业的产品，而在移动智能技术开发方面，互联网企业也有着得天独厚的优势。

2013年8月，微信5.0版本发布，随着微信支付功能的加入，腾讯正式进入移动互联网金融市场！凭借超过5亿的用户规模，在仅仅两个月的时间里，易迅、当当、优酷、大众点评等互联网企业，就已经将微信作为自己扩大移动智能市场份额的平台。而各大银行，也不得不放弃高成本、低效益的自主研发的APP（智能手机的第三方应用程序），推出了自己的微信服务号。

2013年11月，支付宝宣布，其移动终端"支付宝钱包"将被作为独立品牌发展。依靠支付宝在第三方支付市场的领先优势，"支付宝钱包"理所当然地成为中国第三方移动支付市场的霸主。其用户也早已破亿，在"支付宝钱包"接下来的战略布局中，加强与线下企业的合作，成为其最重要的战略目标。

而同为互联网三大巨头的百度，也不甘落后地推出了"百度钱包SDK（软件开发工具包）"。在互联网金融市场上，由于搜索引擎的网站属性，百度一直落后于阿里巴巴与腾讯，即使是在移动终端，百度的装机量也远不如阿里巴巴与腾讯。但在大数据时代，百度却有着明显的数据优势，"百度钱包SDK"在移动互联网金融市场将如何"开疆辟土"，也值得我们期待！

远程移动支付市场，已经成为互联网三大巨头的主战场，而三大移动运营商——移动、联通、电信，它们自然不能容忍别人将自己的主场变为战场。人们对于短信、电话等传统移动通信模式的需求，也正逐渐下降。于是，三大移动运营商，一致地选择了近程移动支付——NFC（近距离无线通信），作为自己突破市场困局的利器。

根据中国移动的介绍，NFC手机支付是"将各种电子卡片应用（如银行卡、公交卡、校园企业一卡通、会员卡等）装载在具有NFC性能的手机中，以提供一种安全、便捷、一卡多用的移动支付解决方案。用户可持满足中国移动手机钱包业务规范要求的NFC手机，以非接触的方式在电子卡应用所对应的受理商户处使用"。也就是说，拥有了NFC手机支付业务，中国移动用户就可以刷手机进行现场购物消费、刷手机搭乘城市公交的士、刷手机通过门禁……

三大互联网企业、三大移动运营商，以及众多中小企业，都开始乘着互联网金融业的东风，将移动智能终端作为战场，意图侵蚀银行的"沃土"。当银行在金融行业显出疲态时，所有人都想在金融市场"分一杯羹"。

面对"群狼"的分割行动，银行却显得有些无能为力。我们不难看出，各大银行在初期，都期望以自己的APP作为移动金融市场的开路先锋。但它们却忽视了用户和市场，在我们如今的生活、工作中，我们很难"一卡走遍天下"，工资卡、房贷卡、储蓄卡……我们每个人的钱包里几乎都有五六张不同银行的卡，这就意味着，我们需要在自己的手机中安装五六个银行的APP，来享受各大银行推出的"方便、快捷"的移动金融服务，这无疑给我们的手机造成了极大的负担，更何况，这些APP使用起来也没有那么"方便、快捷"。于是，各大银行几乎认命般地放弃了对自有APP的开发，进驻微信或支付宝钱包，或与移动运营商布局NFC市场。

进入21世纪以来，互联网与信息技术就一直处于飞速的发展之中，而移动智能的发展，也让智能手机开始取代电脑。在手机上，我们可

以上网、可以游戏、可以购物，也可以理财，作为消费者，我们自然更青睐可以随身携带的手机。

　　传统银行要应对互联网金融的搅局，"独善其身"已经不可能，要反击互联网金融最好的方法，就是拥抱互联网金融业。互联网金融业的浪潮已不可逆，随着国家对互联网金融业加强监管，互联网金融业必将走上更为健康、可持续发展的道路。在这种情况下，传统银行只能改善自身，"以子之矛，攻子之盾"，在相互融合中相互学习，在知己知彼中取得胜利！

第四章

决战网络营销，抢占电商未来

互联网营销与传统营销的区别

随着计算机互联网技术的迅速发展，互联网经济已经成为一种新型的经济形式，与之相关的互联网营销也迅速成为新的市场营销途径。互联网营销具有营销空间的无缝隙化、顾客的主导性、市场配置的协作性等特点，它与传统营销相比有很大的不同，这两种营销模式的差异主要表现在以下几方面。

第一，营销理念不同。

传统的营销管理强调4P：产品（Product）、价格（Price）、渠道（Place）、促销（Promotiom）组合，现代营销管理则追求4C：顾客（Customer）、成本（Cost）、便利（Convenient）、沟通（Communication），然而无论哪一种观念都必须基于这样一个前提：企业必须实行全程营销，即必须在产品的设计阶段开始就充分考虑消费者的需求和意愿。

而在传统的营销模式下，这一点往往难以做到。原因在于，消费者与企业之间缺乏合适的沟通渠道或沟通成本太高。消费者一般只能针对现有产品提出建议或批评，对尚处于概念阶段的产品难以涉足。此外，大多数的中小企业也缺乏足够的资本用于了解消费者的各种潜在需求，它们只能凭自身能力或参照市场领导者的策略进行产品开发。

而在互联网营销环境下，这一状况就能轻松得到改观。即使是中小企业也可以通过电子布告栏、线上讨论或电子邮件等方式，用较低的成本在营销的全过程中对消费者进行即时的信息搜索，消费者也有更多的机会对产品从设计到定价和服务等一系列环节发表意见和建议。这种双向互动的沟通方式提高了消费者的参与性与积极性，更重要的是它能使企业的决策有的放矢，从根本上提高消费者满意度，创造出更加符合消费需求的产品。

第二，营销目标不同。

传统营销策略的工作重心更多的是围绕4P展开，其注重和强调的是企业利润的最大化，而不是客户是否得到了最好的满足，不是它们的产品是否符合客户的需求；而互联网营销更加关注4C，其各环节的工作也都是围绕着4C展开，强调以顾客为中心，通过满足顾客需求，为顾客提供优质、便利服务而实现企业价值，通过满足顾客的个性化需求，最终实现企业利润。

第三，营销方式不同。

传统的营销方式以销售者的主动推销为主，而客户处于被动接受的状态，这样很容易使顾客与企业之间的关系变得僵化，甚至给顾客带来很多不便和烦恼。从长远来看，这种营销模式并不利于企业的长期发展；互联网营销方式更加强调顾客为中心，更注重维持与顾客的关系，通过分析顾客的喜好、需求，为顾客提供优质产品和服务，而客户在需求的驱动之下也会主动通过互联网寻求相关产品或服务的信息，从而使企业与顾客的关系变为真正的合作关系，有利于企业的长期发展。

互联网营销与传统营销相比在方式上的最大区别在于是否以顾客为主导。在互联网时代，顾客拥有比过去更多的选择自由，他们可根据自己的个性特点和需求在全球范围内寻找满足自身需求的产品，不受地域限制。通过进入感兴趣的企业网址或虚拟商店，顾客可获取产品的更多相关信息，使购物更显个性。

第四，营销媒介不同。

传统的营销活动主要是依靠营销人员与顾客的直接接触与放送广告的形式对顾客进行轰炸，使顾客被动接受；而依托互联网而产生的互联网营销，作为一个新的理念和营销方式，与传统市场营销相比，具有跨时空、多媒体、交互式、整合式、高效性、经济性和技术性等特点。这种营销方式主要是以互联网为基本平台，通过计算机、手机、电视机等互联网终端为顾客提供服务从而达到营销目的。

第五，带给消费者的感受不同。

在传统的营销中，从商品买卖过程来看，消费者一般需要经过看样、选择商品、确定所需购买的商品、付款结算、包装商品和取货（或送货）等一系列过程。这个买卖过程大多数是在售货地点完成的，短则几分钟，长则数个小时，再加上为购买商品去购物场所的路途时间、购买后的返途时间及在购买地的逗留时间，无疑大大延长了商品的买卖过程，使消费者为购买商品而在时间和精力上付出很多。然而随着生活节奏日益变快，人们消费产品的数量日益增多，交通拥堵愈演愈烈，传统的购物很显然给人们的生活带来了众多的不便。有时为买到想要的商品，一个消费者要花上半天，甚至一天的时间。此外，由于受地点的限制，很多消费者在当地无法购买到最前沿的商品，这就限制了消费者的消费，而互联网营销则不会出现这些问题。

互联网营销为人们描绘了一个诱人的场景，它使购物过程不再是一种沉重的负担，甚至有时还是一种休闲、一种娱乐。让我们看一看互联网营销是怎样简化购买过程的。

售前：由于互联网空间的开发性与广阔性，商家可以向消费者提供丰富的产品信息及相关资料（如质量认证、专家品评等），甚至有客户对产品的评价等。消费者可以在比较各种同类产品的性能价格以后，作出购买决定。售中：由于互联网营销完全可以在网上操作，所以消费者无须驱车到也许很远的商场去购物，交款时也不需排着长队，耐心等待，最后也无须为联系送货而与商场工作人员交涉。相反，这一切都可以在网上完成，而且在这个过程中，消费者完全可以坐在家里逛虚拟的网络商店，然后用电子货币结算等。售后：在使用过程中如发现问题，消费者还可以随时与厂家联系，得到来自卖方的及时的技术支持和服务。

总之，互联网营销能简化购物环节，节省消费者的时间和精力，将购买过程中的麻烦减少到最小。消费者则可在全球范围内寻找最优惠的价格，甚至可绕过中间商直接向生产者订货，因而能以更低的价格实现购买。此外，互联网营销也能为企业节省巨额的促销和流通费用，使降低产品成本和价格成为可能。

互联网时代，消费者迫切需要用新的快速方便的购物方式和服务，以最大限度地满足自身需求。消费者价值观的这种变革，呼唤着互联网营销的产生，而互联网营销也在一定程度上满足了消费者的这种需求。通过网上购物，消费者便可"闭门家中坐，货从网上来"。

虽然，传统营销与互联网营销相比具有很多弊端，但是，互联网营销与传统营销并不能相互替代。因为互联网营销的全部过程都是完全虚拟的、不可视的，所以消费者与企业间的信任很难建立，而在这一点上，传统营销则占据了更多的优势。所以，作为处于同一经济环境下的不同营销方式，二者不能互相取代，而是将长期存在，优势互补，并最终走向融合。

移动时代的新营销视角

移动互联网时代已经到来，移动互联网营销也方兴未艾。无论是在品牌传播、产品促销还是渠道建设方面，企业都面临全面的变革。因此，要么主动参与到这场变革的洪流当中，成为先驱者，要么就在踟蹰犹豫中被洪流迅速吞没。

营销策略的出发点是营销视角。企业首先需要解决的是如何审视自己的传统营销思路，并结合新时代的规则挖掘属于自己的新的营销视角。

视角一：新媒体取代传统媒体

传统媒体的生存、作用空间不断被压缩，新媒体不断崛起。营销者需要重新考虑自己的媒介资源分配。之前那些让你付出昂贵代价的媒体（报刊、广播、电视等）虽然并未失去营销价值，但营销性价比大大降低。新媒体，尤其是移动互联网的投资回报比则远远超过你的想象。尤其在手机APP这一块，其卓越的娱乐性与互动性使得企业的营销能力大大加强。

2013年8月1日，世界知名咖啡品牌Costa咖啡与网易新闻手机客户端联合推出了"慢享咖啡，速阅天下"的互动咖啡调配游戏活动。该活动主推"在手机上调咖啡"的新奇体验，8月1日至30日活动期间，只要装有网易新闻手机客户端的用户，都可以在手机上"调制"咖啡，

完成从"研磨咖啡豆"到"添加热水"再到"配比原料"的咖啡制作步骤，并依据配比结果立刻获得Costa咖啡的"买一送一"或"免费升杯"电子优惠码。

另外，为了进一步加深用户对优质咖啡的理解和喜爱，该客户端还会在咖啡制作过程中弹出一些"咖啡小贴士"，帮助用户了解咖啡文化。

这次的强强合作营销不仅成功使得Costa咖啡的"咖啡个性化"品牌理念深入人心，而且通过优惠码吸引大量用户去其门店消费，还进一步提高了网易新闻手机客户端的知名度和影响力，达到双赢的结果。

我们看到，传统企业越来越重视新媒体的力量，并逐渐加大了在移动端的营销投入，这也预示着像网易新闻手机客户端之类的用户数量大、活跃度高的手机APP将成为新营销的主要阵地。

视角二：精准投放取代撒网营销

精确营销将取代传统的撒网式营销，移动互联网广告的投放将更加精准，这种精确不仅体现在投放的准度上，也体现在投放内容的个性化上，所以对消费者的刺激作用更加明显。首先，使用移动互联网的用户的信息是可以被追踪、收集和分析的，消费者的兴趣和需求可以被判断。其次，通过各种新技术，尤其是大数据，企业可以将客户关系管理数据库与人格营销联系起来，对具有不同人格和偏好的群体设计不同的营销、沟通方案，确保营销过程不使用户反感。

2006年5月，世界著名运动品牌阿迪达斯在中国联通手机平台上进行了广告的精准投放，它选择了WAPPUSH（又叫作服务信息或推送信息）和"互动视界"文字链接两种广告形式，相比传统的随机广告弹窗，这次精准投放的效果很理想：文字链接的点击率是4.25%，

WAPPUSH的点击率是4.38%，注册率也达到4.32%，而用户投诉率为0。

通过这些数据我们可以看到，手机广告的精准投放达到的平均4%以上的点击率远远大于网络随机广告弹窗千分之几的点击率，其购买转化率更是令企业惊喜不已。

移动互联网时代，想用手机赚钱，就不能放过手机广告精准投放的巨大价值，因为这种精准投放及其后续营销拥有其他媒介不具备的绝对优势。

视角三：互动策略取代单向推销

移动互联网的最大优势就是相比传统媒体的单向推销，拥有更加丰富的互动性。消费者变得更加主动，他们会随时随地通过移动互联网来搜寻自己想要的信息，同时，他们也会主动忽略或屏蔽那些自己不喜欢的营销广告。这种变化要求企业及时跟进，通过APP、微信、微博等诸多渠道和移动互联网用户进行频繁、深入的互动，打破自己原有的冷冰冰的企业形象，在移动互联网上塑造一个亲民的"人化"形象。

联合利华公司旗下品牌多芬近年持续推广崇尚美丽的"真美运动"，通过深入的互动极大地提高了人气与销量。多芬不仅强调用户与品牌的互动，还看重用户与用户之间的互动。

首先，多芬推出"真美运动"的官方网站，提出互动话题"什么是真正的美丽"并设置讨论区供用户互动讨论。很快，这个网站成为女性讨论美丽话题的全球性社区。同时，多芬还在网站上开设专家专区，并提供与美丽有关的各种调查、白皮书、报道等。

其次，多芬开展"评选真美女性"的互动活动，该评选由大众评审投票决定，为了调动用户参与的积极性，多芬在纽约时代广场做了一块互动式投票显示屏，使得每个人都有表达意见的机会。

在系列互动取得广泛关注后，多芬又及时推出互动网络短片。这个一分钟左右的短片用真实的镜头记录了一个长相普通的女孩是如何通过化妆、PS等成为超级模特的，视频最后的字幕写道："毫无疑问，我们的审美被扭曲了。"借此向公众传递多芬的"自然美"观念。该视频在网络上的点击率与转发量惊人，并引起了广泛的争论。

这一系列互动营销活动推出仅两个月，多芬在美国的销量就上升了600%；半年之后，其在欧洲的销量也上升了700%。

移动互联网消费者不喜欢单向、强制式地接受广告，他们希望自己去体验、去发现、去感受。同时，他们也渴望与其他人分享这种亲身体会的感受。因此，企业不仅要学会主动和用户互动，还要在用户与用户之间搭建一个交流的平台。

视角四：粉丝经济成为主流

在诸多刚刚兴起的移动互联网营销思路当中，最博人眼球的就是"粉丝经济"了。大部分使用移动互联网的人都有自己的社交网站的账号：人人、微博、微信……网络社交生活化成为一个不可避免的趋势，因此，社交网站的基础——好友，也就是俗称的粉丝，成为一个重要的营销落脚点。移动互联网时代，粉丝经济至少可以有两种解读：一是通过对企业品牌的塑造，吸引一批十分认同企业价值观的忠实客户，例如赞赏苹果创新与个性精神的果粉就为苹果创造了大部分的收入；二是通过对企业在移动互联网社交门户上的长期经营和推广，积聚一大批关注者，并据此开展各种营销活动，利用舆论热度来提高营销效果。对企业来说，这两者都不容忽视。

国产知识性脱口秀类栏目、自媒体新秀《罗辑思维》一经推出就斩获无数粉丝，其每期的网络点击率高达百万以上。但如何将粉丝转化为收益呢？该栏目的主创兼主持罗辑的做法让人们眼前一亮。

2013年8月初，《罗辑思维》的微信公众账号推出了"史上最无理"的付费会员制：5000个普通会员+500个铁杆会员，会费分别是200元和1200元，为期两年。这种"抢钱"式的会员制居然取得了令人惊讶的成功：半天之内，5500个会员全部售出，160万人民币入账。其粉丝的忠诚度可见一斑。

有人会问，这些会员用真金白银对罗辑表示支持，具体能得到哪些好处呢？罗辑很快就给出了答案：他先后几次提供会员福利：第一时间回复会员资料的会员将获得价值6999元的乐视超级电视——这相比他们付出的200元会费实在是赚大了！而先后送出的总共价值7万元的超级电视并不需要罗辑掏一分钱——这是乐视免费赞助的。

从罗辑的粉丝营销案例中我们可以看出：他首先通过其优质内容产品将有相同价值需求的社群聚集在一起，通过收会员费的方式一来赚取收益，二来进一步增加粉丝黏性。然后，他以这个忠诚度极高的群体作为基础，向需要精准营销的品牌提供合作机会，自己则作为社群与品牌的链接，形成自己的稳定收益来源。

视角五：网购渠道大行其道

移动互联网的发展也促使网购进一步发展，虽然仍有不少人担心手机支付的安全，但这种便捷的消费方式必然会成为未来的发展趋势。

所以，企业在进行移动互联网营销的同时，还要进行相关的渠道建设，如果仅仅希望通过移动互联网营销将顾客吸引到自己的线下门店进行消费，那实在是对移动互联网资源的巨大浪费。

"互联网+"企业营销的发力点

有了新的营销视角，接下来就是在此基础上挖掘、完善属于自己的移动互联网营销方式和渠道。尽管关于营销那些事看上去千头万绪、纷繁复杂，各种理论也层出不穷，从4P到4C，从4R到4L，但归根结底无非就两个因素：一是营销环境，二是营销对象。

什么是营销环境？就是这个产品是在什么样的市场环境下销售的。什么是营销对象？就是这个产品是卖给谁，他有些什么特征，他的消费观念是什么，他想要什么。

现代营销学之父菲利普·科特勒教授把营销的演进划分为以下三个阶段。

第一个阶段是营销1.0时代，即"以产品为中心的时代"，这个时代营销被认为是一种纯粹的销售，一种关于说服的艺术。

第二个阶段是营销2.0时代，即"以消费者为中心的时代"，企业重视与顾客建立紧密联系，售出商品后，企业不但需要继续提供产品使用功能，更要为消费者提供情感价值，企业需要让消费者意识到产品的内涵，理解消费者的预期，最终使他们复购商品。

如今我们即将见证第三个阶段——营销3.0时代，即"价值观为中心的时代"，在这个新的时代中，营销者不再把顾客仅仅视为消费个体，而是把他们看作具有独立思想、心灵和精神的完整的人类个体。"交换"与"交易"被提升成"互动"与"共鸣"，营销的价值主张从"功能与情感的差异化"被深化至"精神与价值观的相应"。

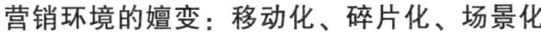

营销环境的嬗变：移动化、碎片化、场景化

如今的营销环境基本上可以用三个词来总结："移动化、碎片化、场景化"。大家已经不再局限于每周、每月的固定时间里，在固定的购物场所进行消费。而是转变为随心所欲的全天候、多渠道的消费，消费者可以在任何时间、任何地点，通过任何方式购买他们所喜欢的商品。无论是智能手机销量的暴增还是人们花在智能手机上时间越来越长，都足以证明整个营销环境的移动化。而碎片化的特征就更明显了，如今，人人都是自媒体，个个都是消息源，大家的注意力被分散在各个媒体。至此加剧了用户的三个碎片化趋势：消费地点的碎片化；消费时间的碎片化；消费需求的碎片化。

很多时候营销要触动消费者，一定要有匹配的情景，因为人是受环境影响的。而新技术的发展，让随时捕获这种情景变得容易，比如可穿戴市场，还有移动互联网和任意的广告屏幕以及终端的无缝链接。因此，营销如何"场景化"以及如何通过可以谈论的内容与场景匹配，成为所有企业都需要面对的问题。产品要能够制造出让消费者关注的内容话题，并通过不同的媒介制造出短时间内的话题场景，才能引爆品牌。

消费主体的蜕变：个性化、社交化、娱乐化

研究完环境，我们再来看看消费主体又有哪些变化。总的来说，同样有三个关键词可以很好地概括这4亿多的80后、90后消费主体："个性化、社交化、娱乐化"。

80后、90后作为一个正在不断崛起的消费群体，他们的消费观念、消费权利、消费意识、消费话语正在深刻影响着整个商业环境。普遍认为80后、90后就爱追求自我张扬、有与众不同的个性。他们重视产品消费体验中是否能给自己带来心灵、情感上的最大满足，并获得差异性、个性化、多样化的体验。于是，参与感成为小米手机大获全胜的

成功秘诀。

80后、90后这一群体接受了市场经济、全球化、互联网进程的洗礼，他们的人生观、价值观和世界观以及由此衍生出的消费观，呈现出与其父辈迥然不同的特征。腾讯QQ发布的《中国90后青年调查报告2014》显示，90后是孤独与集体孤独的一代，他们有强烈的社交需求，孤独的他们习惯沉溺于虚拟社交圈，由此可以理解各种社交媒体工具火热流行的原因。

调查数据表明："玩"是80后生活的主体，"玩"的开支可达他们日常消费的1/3。而娱乐的价值就是教会他们"怎样玩"以及通过何种载体让他们觉得"好玩"。90后宣称："我每天可以吃的有限，穿的有限，花的有限，但是开心必须无限。"90后热爱娱乐，这种娱乐可以是对娱乐八卦的热爱、对生活压力的宣泄、对社会现象的吐槽、对自己生活的搞怪，天大的事儿也可以被他们解读得极具娱乐精神。

营销策略：大数据营销、内容营销、社群营销、场景化营销

分析完营销环境和营销主体，问题来了，面对"移动化、碎片化、场景化"的营销环境和"个性化、社交化、娱乐化"的消费主体，企业如何是好，又该怎样应对？

首先我们要清楚什么是互联网营销。美国互联网营销专家Chuck Brymer认为互联网营销的本质就是用最小的投入，准确链接目标顾客，用完美的创意，实现强大的口碑以影响目标群体。

这下我们心里就有数了，面对"移动化、碎片化"的营销环境和"个性化、社交化"的消费主体，同时还必须满足"最小的投入，最精准的链接，最完美的创意"。各位想想哪种营销方式可以完美胜任呢？非大数据营销与内容营销不可，大数据营销解决最小投入、最精准链接，而内容营销则以完美的创意实现朋友圈疯狂转发，比如2015年流行的"情怀辞职信"则属此样版案例。

那么面对"碎片化、场景化"的营销环境与"社交化、娱乐化"的消费主体，又该如何迎战呢？莫慌，内容营销与场景化营销轻松拿下。内容营销可解决碎片化、娱乐化的问题，比如杜蕾斯的"光大是不行的，薄是一定要出问题的"广告语，就颇具娱乐性。场景化营销则针对碎片化和社交化的困局，以景触情，以情动人。比如斯巴鲁的健身会所广告"为你的坚持买单！"就考虑到了与健身人群的场景匹配性，最后还有一个难题：面对碎片化的营销环境和社交诉求旺盛的消费主体，如何是好呢？兵来将挡，水来土掩，社群营销联手内容营销轻松应战。社群营销摆平社交化的消费需求，内容营销则利用各种段子攻破碎片化的场景。如2015年一夜火遍网络的"伟大的安妮"《对不起，我只过1%的生活》。

总之，碎片化的渠道、碎片化的时间、移动化的行为、个性化的价值观、娱乐化的诉求决定了"互联网+"企业背景下的营销向着场景化、数据化、内容化、社群化的趋势发展。至此，"互联网+"企业的营销模式四大落地系统也一目了然，未来企业在营销方面的发力点就是大数据营销、高品质内容、场景化匹配、社群化传播。

让营销过程充满互动的乐趣

在单向度广告的"推销"逻辑下，生产者往往自说自话，而消费者更是被动地接受信息。然而，在这种刻板的营销模式下，企业无法知道消费者的真正需求，消费者也失去表达自己意见的兴趣，久而久之，双方的隔阂就越来越大。移动互联网时代的到来彻底改变了这种局面，互动营销以其快速、灵活、即时沟通等诸多优势迅速取代了传统营销

单向度、压迫式的广告传播。而且，随着大数据时代的到来，真实、精确、强大的数据库分析、挖掘技术将带来真正意义上的精准沟通。由此可见，移动互联网互动营销将迎来一个黄金发展机会。

品客薯片曾针对酷爱音乐、有愿望组建乐队的学生群体做过一次APP互动营销。它借助iPhone和iPad自带的三轴陀螺仪，在其APP里把左右摇晃、前后摇晃等特殊动作与不同的音效相匹配，这样用户就能通过这些动作演奏出电吉他音效、木吉他音效和摇滚鼓音效等。那些没钱买乐器，或是临时起意要合作一曲的学生，只要在自己的移动设备上下载这款APP，就会从该APP里自动分配到一种乐器，选到"星星"的人负责在设备上连上扩音器，扮成主唱的角色，其他人也各有分工。这样，一个虚拟的品客乐队就诞生了！

这款APP高度符合品客的目标用户：有活力的年轻人。随着移动智能终端内置功能的不断增多，移动互联网营销的创意和互动空间也会不断扩展开来。用户将享受到更加有趣的互动体验。

移动互联网营销最重要的原则之一就是让营销过程充满互动，充满乐趣，用移动设备来延伸用户的感官，让手机的种种功能，如摇一摇、扫一扫等服务于你的营销，并激发用户参与到你的营销活动中来，最终达到你的营销目的。著名营销创意人陈格雷先生曾提道："未来的品牌应该是半成品。另一半应由消费者体验、参与来确定。"的确，现在越来越多的企业已经意识到：为了塑造品牌，扩大影响力，不能再像在传统营销模式那样向消费者单向度硬性灌输品牌理念了。企业应该主动邀请移动互联网用户参与到实时互动的对话之中，在这种态度改变的基础上，再试图以巧妙的方法来"掌控"这种互动交流，将客户往你希望的方向去引导，最终培养出用户对你品牌的持续关注与信赖。

互动策略结合社交媒体

当然，如果这种创意互动能和社交媒体相结合，那营销效果必将加倍。因为这相当于为那些拥有相同兴趣的人提供了一个长期交流互动的平台，这样企业能做的就不仅仅是圆满完成一次营销活动，这种营销将很可能带来持续的效果。这种搭建互动平台的做法，要比企业试图与用户进行小范围互动更加具有战略意义。

世界知名饮料巨头可口可乐和WWF（世界自然基金会）的一个公益项目就利用了社交媒体做互动营销。他们利用Facebook这个全球最大的社交媒体来做保护北极熊的宣传活动。首先，为了吸引年轻人关注该公益项目，可口可乐推出了一款有趣的APP，它让Facebook好友可以互丢雪球。同时，为了吸引Facebook用户玩这个游戏，可口可乐还和7-11一起推出了带有二维码的杯子，消费者拍摄杯子上的二维码就可链接到Facebook的相关游戏界面来。为了进一步激发用户的兴趣，可口可乐还为APP游戏比赛的获胜者提供了"北极携伴双人游"门票。这种以游戏为载体，以社交媒体为平台来传播公益项目的方式，既有趣又新颖，很快就受到大批年轻人的喜爱。

当然，如果你的企业偏传统，既不具备相应的移动互联网互动营销经验，更不具备独立开发APP或者其他互动工具的能力，那你也可以把大部分工作外包给专业的营销团队。随着移动互联网的迅猛发展，这类营销公司层出不穷。

小城市营销不需要互动？

可能还有一些固执的中小企业认为自己处于二、三线，甚至三、四线小城市，民众对互动营销的期待并没有达到让他们改变传统营销策略的地步。其实这种观点是一叶障目，不见泰山。

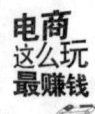

从近年来对三、四线城市，甚至是更下层区域的移动互联网用户进行分析发现，正是由于他们的生活节奏慢，自由时间多，却又因为配套娱乐设施偏少而对移动互联网的娱乐需求不断增加。PC的高成本与不可移动性使得他们更愿意选择智能手机等移动终端来进行娱乐活动。因此，通过移动互联网开展互动营销几乎是每个企业的必然选择。

在印度很多小城市，大家虽然觉得肯德基好吃，但是觉得这个外来品牌十分昂贵，所以不敢去店里消费。为了解决这个问题，肯德基决定通过互动向民众展示自己的亲民价格。为此，肯德基开发了一款手机APP，用户下载该APP之后，可以扫描一下印度的货币卢比，不管你扫描多大面额的卢比，该应用都会显示该面额的卢比可以在肯德基买到哪些食物。通过这种直观而有趣的方式，民众很快便了解到原来肯德基并不贵，自己能够消费得起。同时，该APP还设置了链接，用户可以直接点击进入肯德基官网下单。

对于那些已经开始摸索移动互联网互动营销的企业来说，他们要思考的则是：不论自己做还是外包给别人，自己的成本应该如何控制，投入与获益之间应该设置多长时间的观察缓冲期，为了精准、互动营销可以付出的最大代价是什么。总而言之，虽然移动互联网互动营销是大势所趋，但每个企业依然要谨慎考虑每个选择的最终价值。而要想得到正确的评估结果，那就需要在初步进行互动营销尝试的同时，及时收集互动沟通的反馈数据，在每一步互动中设置可以检测反馈信息的环节，并对这些反馈进行及时整理、分析。这些数据是企业判断不同互动营销策略性价比的基础。

总之，从单向度向顾客推销产品到利用互联网话题牢牢抓住网民眼球再到移动互联网时代把选择的权利交还给用户，互动营销终将成为新时代营销的基础策略之一。

创意互动：多渠道协同引爆人气

过去几年当中，互动营销这一移动互联网的基础策略从最初带给用户震撼体验，到现在已经能深入挖掘用户的所有潜能。互动营销将那些传统媒体眼里的"沉默的大多数"纷纷挖掘出来，并让他们愉快地参与到与企业的种种互动当中，让企业看清了他们的真实面貌。这既有助于企业了解、讨好、笼络客户，也有助于客户打破传统的"被动营销"局面，主动向企业表达自己的意见。

互动营销的主要形式当然是各种互动活动，而活动开展的渠道各有不同。微信、微博或者论坛等，都有自己的渠道特点，因此在不同渠道开展互动营销也要各有侧重。

精准投放，最大的"福利"

电商行业发展到今天，业者面临的最大问题是流量越来越贵，营销费用越来越高。而大数据正在给互联网带来翻天覆地变化，这种基于大数据积累基础上的按受众购买的方式和实时竞价，正改写网络广告生存法则。很显然，借大数据实现精准营销已然将成为电商行业的常态。

移动互联网时代，精准营销的概念十分火爆，被奉为新时代的营销利器。那么什么是精准营销呢？

精准营销如何而来

所谓精准营销，就是指在精准定位的基础上，依托现代信息技术手段或各种新式媒体，将营销信息推送到比较准确的受众群体中，从而既节省营销成本，又能起到最大化的营销效果。

精准营销如何而来？相信在现实生活中就能找到答案。比如一些广告主总是在抱怨："我投了那么多的广告费，起码有一半是打了水漂的，更可怕的是，我竟不知道是哪一半。"是的，你很难知道客户是谁，更不能与客户交流。即使知道客户在哪里，也缺乏有效的手段和模式与之沟通，因此很难找到他们，在这种情况下，精准营销应运而生了。

以客户为中心是精准营销的灵魂，这就需要精准的市场定位。我的产品是什么？客户由哪些人组成？这都是精准营销前必须考虑的，只有清楚地了解我们客户，才能为下一步的动作奠定基础。在恰当的时间，提供恰当的产品，用恰当的方式，送达到恰当的顾客手中。而这"恰当"到一定程度，即称为"精准"。

以方法为指导是精准营销的思想。传统的市场推广一般都遵循4P组合的营销手段，这就需要花费大量的金钱与精力，明知道促销费用浪费掉了很多，但又不知道浪费在哪里。找到合适的方法才是从模糊营销到精准营销的一把钥匙。比如通过问卷调查，勾画顾客脸谱；借助互联网地图地位技术，快速寻找目标人群，等等。

以数据分析为基础是精准营销的精髓。通过收集数据，在庞大的数据中发现规律，利用规律为营销决策提供依据，从而大大降低营销费用的浪费，这是数据分析精确制导的实质所在。在以前，店开在哪儿，人就必须去哪儿，而现在大数据的出现，就变成了人在哪里，我们就得追到哪里，这就是零售业的一个变革。数据分析得出的营销依据让现代营销变得高效，必将成为未来市场营销的重要手段之一，并被广泛应用。

关键词设置是重点

掌握关键词的要点，可以有助你做好精准营销，很多人在网站优化和网络推广之前，总是在为关键词的选择苦恼，总是觉得所有和自己网站相关的词汇就应该是关键词。结果罗列出来后，自己的关键词有

上百个，再算一下这些关键词的预算，费用更是大得难以承受。

下面，我们分享一下网站优化和网络推广工作中总结出来的一些关于关键词选择的原则。

1.关键词不要空泛，要贴合网站内容，具有相关性

网站的内容要围绕关键词来进行展开的，关键词要根据网站内容来定。一个网站就好比一本书，关键词是书的目录，页面内容才是每个章节要详细的阐述。关键词就是网站的题目，是网站内容的主导思想。因此，在选择关键词的时候一定要根据网站的内容来选择，而且关键词要和网站的内容息息相关。

2.学会利用权威数据和一些辅助工具来选择关键词

这点很重要，不要盲目地去自己想，任何好的方法和策略都要应用到真正的推广中才能起效的。这时我们不妨利用一些辅助工具和一些权威的数据进行关键词选择。比如百度指数、百度风云榜、谷歌关键词工具都可以。关键词辅助工具很多，重要的是你怎么应用到位，帮你把推广工作简化，从而让你事半功倍。

3.根据目标用户的搜索习惯来选择关键词

这个非常重要，我们选择关键词的时候，要摆脱SEO的身份，回归到普通网民的角色中来考虑问题。网站优化和推广最终不是给自己看的，而是要面向更多的受众，因此，你的网站必须选择大众都感兴趣的关键词才能真正做好用户体验，让你的潜在用户真正转化为你的真实客户。

比如在搜索中国8u网络推广的时候，我们会如何去搜索？有可能会是几种情况：直接输入中国8u关键词；或者输入8u网络推广是什么？8u网络推广怎么样？8u网络推广；等等。不同的关键词搜索出来的效果和页面都是不一样的，我们只有在做推广的时候真正把握受众的喜好，才能做好关键词的精准定位。

4.关键词过冷或者过热都不适合做目标关键词

选择关键词时很多人都喜欢跟风，认为大家都在谈论的关键词就是好的。其实不然，中国8u的小编认为：大家都谈论的关键词必然受到较大的关注，但是对于推广来说也加剧了推广的难度。因此，我们可以选择一些相关的长尾或者竞争力低，但是转化率高的词来做关键词。同样，如果搜索引擎收录的页面只有几百个，那样的关键词也不值得我们去做。没有用户搜索，就算把排名做到第一页，也不会产生价值。因此，在选择关键词的时候，一定要注意关键词的难易程度和是否符合推广习惯。

5.参考竞争对手的关键词进行选择

在做推广的时候，之所以有难易差别之分，就是因为关键词存在行业竞争。因此，我们在选择关键词的时候，可以适当地去研究和参考排在前面竞争对手的网站，看看他们怎么选择关键词，竞争对手的关键词还有哪些不足。我们可以先模仿，然后再超越。知己知彼，百战百胜。

移动APP营销八个创意突破口

APP营销无处不在，已成为移动营销的主要部分，那么一款好的企业APP该如何创意呢？有哪些方式？

一、狠抓实用性，多关注用户的生活细节

从用户的吃、住、行、玩、用等日常生活细节着手，发现还没有被满足的需求，然后结合产品看能否植入进去。

比如针对起床困难户，星巴克推出了一款Early Bird (早起鸟)，当你下载这个APP以后，可以设定时间提醒你起床。用户在设定的起床时间闹铃响起后，只需按提示点击起床按钮，就可得到1颗星，如果能在一小时内走进任一家巴克店，验证这个APP，即可打折买到一杯咖啡。当然这个APP还可以设置不起床的后果声音，如"再不起床，迟到了罚款100元"，只需要输入公司相关规定即可。

二、将产品体验做成互动游戏

很多产品都可以将体验形式开发成小游戏，如服装可以试衣服大小和搭配颜色，啤酒瓶可以做暴力游戏的道具，饮料可以自己酿造……如宜家手机APP，可让用户自定义家居布局，用户可以创建并分享自己中意的布局，同时可参与投票选出自己喜欢的布局，宜家还会对这些优秀创作者进行奖励，利用个性化定制营销来达到传播效果，对线下实体店来说，APP往往不是最好的销售工具，但是能弥补线下体验的短板，通过APP能构建会员营销、体验与服务体系。

三、个性化的产品或服务定制

通过APP实现个性化定制，适合可标准化生产的产品。比如服装类APP，它的颜色、款式、尺寸等都可选择，当然每个选项可提供多个选项，而不是随心所欲地填写。

如21cake推出的一款能帮客户随时随地订购蛋糕的APP，并根据需要送到指定的地方。客户不仅可以根据口味选择蛋糕，还可以根据适用对象来选。即使在客户完全没有主意时，也可以通过"摇一摇"来选一款"缘分蛋糕"。

四、逆向思维，不用该产品会产生什么后果

逆向思维适合避孕套、智力产品、药品、安全产品等容易导致严重后果的产品，将此后果放大，正是传统营销所谓的恐吓式营销。如不安全用药，会导致什么情况，将此情况用游戏的形式演绎出来，让用户产生必须用的心理反应。

比如杜蕾斯推出了一款APP可以模拟养小孩，就像真小孩一样整天

烦你，要喂奶，要逗他玩，还得哄睡觉，哭了要抱，还会更新你的Facebook状态："我当爹啦!"各种婴儿相关活动的邀请也会随之而来，很烦很烦……而每次当你关闭此程序时都会显示"用杜蕾斯"的提醒。

五、将人的欲望放大

人的欲望有很多种，如好奇、色情、偷窥、分享、愤怒、健康、懒惰、善良、感性、嫉妒、虚荣等，如果将这些欲望与企业或品牌相关元素融合，则会达到传播润物细无声的效果。适合服装、电子产品、食品等快消品及容易和生活密切相关的行业。

举个例子说明一下，如荷兰FB品牌APP：只要你正面评价并分享至Twitter和Facebook，APP上女模特儿就会脱衣服，转发、评论越多，衣服脱得就越多，直至脱光为止。虽然推广手段有些恶心，但FB品牌知名度瞬间在网络上引爆。"点赞脱衣"是从产品与消费者之间的口碑关系中挖掘出来的，并与色情、偷窥欲结合而成的APP，实现了口碑传播和知名度的提升。

六、将服务平台用APP呈现并创新

此方法适合资讯类、服务类的平台，当然它们本身就具有人气，但适时推出和创新也是必需的。比如易居中国推出的"口袋乐居"，凭借"让不动产动起来"的出色表现在上线后的短短几个月，先后打破房屋精准估价、移动支付等先河，帮助房企实现营销目标的同时，又为网友提供了一款实用类型的移动应用，一度占领各大房产类应用下载排名的前列。

"口袋乐居"前身是已超百万级下载量的"口袋房产"，延续以用户体验为设计之本，综合用户各方需求，集信息平台、工具平台、数据平台和交易平台等多项功能于一体，切实贴近消费者生活，提供全方位的服务。此款产品的推出，开拓了房地产互联网产品除"房源型""资讯型""交易型"后的第四大导向"房价型"产品。

七、线上线下联动

通过APP的二维码扫描可以实现与线下的活动、广告、促销等形成联动，往往是线下活动、展示，线上抽奖、派送等。可以解决线下活跃度不足的问题。

比如可口可乐推出的CHOK，在指定的"可口可乐"沙滩电视广告播出时开启手机APP。当广告画面中出现"可口可乐"瓶盖，且手机出现震动的同时，挥动手机去抓取电视画面中的瓶盖，每次最多可捕捉到3个，广告结束时，APP中揭晓奖品结果，奖品都是重量级的，如汽车之类的，吸引力很大。

八、充分利用客户的等待时间

银行排队等候、机场候机等待、无聊的长途汽车上、吃饭时等号……往往客户等待的时候是最无聊的时候，不能走，只能等，而且是干等。如果能让这个无聊的时刻不无聊，可能会给品牌加分。

再看个案例，法国航空曾推出了一款空中音乐APP，安装此APP后，在法航的航班上想听音乐，只要你用手机对着天空，搜寻空中随机散布的歌曲，捕到后可直接试听。不同国家空中散布的歌曲也不同。APP中还有互动游戏可以赢取优惠机票。让乘客乘飞机不再无聊，让音乐融入空中生活，创造独特的试听体验，形成了良好的口碑传播。

当然还有很多方式，这里不再一一列举。其实，一款好的企业APP一定是将注意力聚焦到客户身上，关注他们的日常生活及所思所想，然后再结合产品或品牌，寻找好的创意点来融合。

第五章

移动时代，电商渠道模式揭秘

全网营销策略

90%以上的传统企业进驻电子商务都未开始建立线上渠道，其实电子商务营销与传统营销并无本质区别。不重视线上渠道、分销体系建立，电子商务经营效果会大打折扣。

我们线下做销售，知道要做渠道，如进入沃尔玛、家乐福，找地区经销商，而到了线上，只知道在淘宝网上开设一个旗舰店，不知道要做网络分销渠道，不懂得结合渠道来销售商品，扩大市场占有率。随着时间的推移，电子商务日趋成熟，电子商务上的分工也会越来越明确，我们完全可以预见会有越来越多的电子商务渠道衍生出来。

推荐一个较为成熟的电子商务渠道策略，一个互联网上开始流行的电子商务标准化配置：淘宝平台+其他平台+分销+独立B2C，用一个名词来总结就是"全网营销"。

做全网营销，商家可以建立起"快速、低成本"销售商品的网络渠道，快速扩大商品销售量，提高商品周转率，降低商品单位销售成本。

全网营销分为两种策略，即分销为首的全网营销和直销为首的全网营销。

分销为首的全网营销

分销分首的全网营销指企业从战略层面上定位电子商务为投资布局，将网上零售市场视为新兴的潜力市场，大范围招收一些运营能力较强的卖家加盟在互联网上进行经营活动。这种营销手段本质就是传统经营理论里的特许加盟，即特许经营授权商将其成功的品牌、产品和运作模式传授给特许经营体系中的受许者使用，受许者获权经营其产品或服务。特许经营作为一种新的商业运营组织方式，已被公认为有效的经营模式。

全网营销要求企业资金雄厚，人才储备能力强，管理机制健全，这样企业才能够利用自身资本、品牌、采购渠道等优势资源成功介入电子商务。这种模式的代表企业有特步、博洋家纺等。

这种全网营销的模式在互联网世界大行其道。目前进入网上零售领域较为成功的传统企业，一般线上分销渠道的销售额会占整个网上销售额非常大的比例。如罗莱家纺网络专销品牌LOVO，目前每月销售额大约500万元，其中：

外部线上渠道中，B2C渠道：当当、卓越的平台代销，每月50万元左右。

CPS（付费联盟）渠道包括第三方及自营CPS联盟，每月50万元(注，电商中的CPS，指的是商家联盟)。

C2C联盟渠道：淘宝网店联盟贡献约10万元，再加上天猫的销售，网络分销贡献了不少于50%的比例。

如百丽的电子商务，从销售结果来看，网络分销的销售额超过了自己官网直销的销量，加盟渠道、CPS及SEM渠道、淘宝渠道、B2C分销渠道的销售额均超过了其官网的直销渠道。

如徐静蕾的KAiLA饰品销售额全部来源于网络分销渠道，他们只做线上渠道，自己不做销售，淘宝旗舰店只是服务分销卖家。

KAiLA在2009年11月正式上线凡客销售，成为凡客诚品配饰领域的合作品牌；接着KAiLA入驻卓越网，并成功获得卓越网免费首页及频道内推广资源；KAiLA入驻当当网，并获得当当网大力推广，成为手表饰品频道的重要品牌商。再接着进入时尚类的垂直B2C走秀网、逛街网、时尚起义、麦网，并进入3C网站京东商城、新蛋网渠道销售等。KAiLA凭借徐静蕾的人脉与影响力，半年之内几乎进入中国绝大多数排名靠前的B2C网站渠道销售，是线上分销的成功案例之一。

电子商务的核心是商品，所以全网分销要求商品同线下实体店一样，SKU要宽度同时还要有深度（SKU宽度，是指商品的数量，深度是指某一款、色、码的件数）。如果SKU宽度不够，那对网店运营能力的要求就相当高，或者说对店铺设计师水平的要求相当高。如果库存深度不够深，那么当出现爆款的时候，你损失的潜在收入就非常大了。当然商品的宽度和深度要视品牌商的实力与规模。

全网分销并不神秘，它的基本原理与线下分销是相同的，说到底就是为渠道客户提供服务，提供优质的服务内容。

1.专业的网络分销管理系统

经常和企业的电子商务负责人聊起网络分销，他们一致认为如果没有专业的ERP管理系统，分销工作就很难开展。这里需要强调的是"专业的"系统，不是任何一套订单管理软件或免费的开源软件都可以作为分销管理系统。一套专业的网络分销管理系统是做网络分销的第一步，也是进入这个行业的一个门槛。

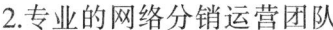

2.专业的网络分销运营团队

中国的电子商务起步较晚，电子商务的专业人才是稀缺资源，而传统企业的网络分销才刚刚起步，从事网络分销的人才更是少之又少。不是说某人淘宝B店或者C店做得好，他分销就能做得好，因为两者对运营上的要求有很大的区别。分销运营团队需要非常了解分销客户的需求，想他们所想，急他们所急，寓管理于服务中。

分销运营团队的主要工作包括以下几项。

（1）产品知识支持。

①提供的商品资料越详细越好，最好是连同生产工艺单都要培训给客服。

②提供产品的FAB手册。

③提供网店装修模板或者广告形象图片物料。

（2）营销支持。

①提供销售数据上的支持，计划性更替主推产品和促销产品给分销商，提升销量。

②要定期或不定期计划性地给分销商提供促销方案，也要善于利用集体的智慧，鼓励渠道客户自拟促销方案。

③商品库存的准确率要高，否则缺货率会居高不下，最理想的是提供每次库存变化的明细，这就需要分销管理系统来实现了。

网络分销的开发类似于线下传统业务的招商加盟。客户的管理前提是制定分销规范标准，也就是扶持政策。比如：销售额返点的支持。

开发客户要根据品牌的定位去制定招商政策，不同的品牌目标客户不一样，不是什么客户都适合的。如果是男装你去开发卖女装或卖建材的卖家，结果可想而知。

目前网络分销的客户主要分布在淘宝和拍拍，天猫专营店、QQ商城专营店客户、淘宝C店卖家、拍拍卖家。

传统企业要真正把电子商务提高到战略发展的高度，要建立适合电子商务特性的运营管理体系与商品供应体系，全方位地开发线上渠道。无论是分销为首的全网营销还是以直销为首的全网营销，传统企业倚重先天的品牌影响力优势和快速的供应链管理，以及线下丰富的特许加盟经验可以很快把自己的影响力延伸到互联网上。

直销为首的全网营销

这种模式是企业认定电子商务是作为线下实体店的补充，通过增加网上零售的渠道来扩大覆盖客户的范围，以达到增量销售，直接推动主体盈利规模。这种模式以九牧王男装为代表。

无论是天猫的旗舰店，还是QQ商城的旗舰店，都属于直销体系。从一定程度来说，直销体系都是由公司统一运作，可以加强传统企业从前端营销策略到后端供应链的整合能力。

目前国内具有代表性的网络平台主要有以下几个。

天猫：在淘宝C2C平台基础上构建的商城，相当于在集贸市场里开的大型购物中心，优势是海量的用户和交易量，先聚众再分众。劣势是商家泥沙俱下，商品参差不齐，用户素质不高，商家推广成本高，价格战激烈。

1号店店中店：所有入驻商家都是有资质的企业，比淘宝整体商家实力高一级，与天猫商家类似，优势是商家较淘宝相对有保证，用户素质较淘宝高。劣势是没有淘宝的海量用户和交易量，商家大多是小公司，商品服务能力较弱。

QQ商城：服务QQ会员的高端平台，只限一、二线品牌商或品牌的网上授权代理进驻。优势是汇聚大量QQ会员用户和最优质的顶级商家，劣势是品牌少、商品少，只依托QQ资源针对QQ会员服务，对外影响力弱。

京东开放平台：招商对象为品牌商和有实力的线上线下零售商，优势是大量的优质实力商家，不伤害品牌，不比拼价格，为商家提供京东物流等增值服务使用户得到与京东一样的购物体验，有最优质的用户群。劣势是与自营采购之间的平衡关系，相对逊于淘宝的用户数和交易量。

电商如何避免渠道冲突？

要跟上高速发展的互联网和竞争日益激烈的电商市场，企业必须具备电商的DNA。根据企业的战略、规模、紧迫感和资源，必须推出最适合自己的一套解决方案。

企业在战略上有两种选择：自建渠道、外包渠道。当前主流大体有以下三种。

自建渠道型：如苏宁易购、富士康旗下B2C平台飞虎乐购、依托银泰百货强大资源的银泰网等。

购买成熟渠道：如2010年11月22日，国美电器对外宣布，以4800万元收购库巴购物网（原世纪电器网）80%的股权。另外就是近期风传的沃尔玛试图收购京东商城被刘强东拒绝。

渠道外包：如诺基亚、摩托罗拉、索尼爱立信、多普达、HTC、Clarks、百分之二服饰、柏仙多格等知名品牌将渠道外包给国内最大的电子商务外包商兴长信达。从兴长信达的主要运作模式可以看出，这家运作了10年的电商渠道外包商具有呼叫中心、物流渠道、技术支持、电商运营、媒体推广等一套完整的电商体系。对传统企业的服务而言，这是一种最快捷的解决方案。据悉，北京、上海已经有一批类似的服务商开始跟风，但是做出规模和专业度的仍属凤毛麟角。

不得不提的是，要如何避免渠道冲突或弱化渠道冲突呢？目前主流的几种做法有：网络专供款策略、2/8产品策略（又叫举杠铃产品策略）、新品策略、子品牌策略、清库存及尾货策略、线下同步线上分销策略、线上线下同价策略、多点多仓联合配送策略、渠道整合策略和O2O线上线下融合策略。

当然，各个企业的行业、品类、产品属性及实际情况不一样，不要盲目追求模式和冒进，需要根据实际条件灵活选择和应用各种策略。

策略一：网络专供款策略

开发网络专供产品，采取产品差异化战略，推出线上专供产品特别符合目前传统大宗产品及定制产品企业，有利于O2O线上线下的战略的推进实现。通过网络专供性价比的爆款打造，形成单品的多批次下单，同样能给经销商以盈利的信心。

实现网络专供款及产品差异化策略有以下几个好处：

解决价格冲突：官方商城、天猫商城等电商网络平台可以避开与线下的直接价格冲突，根据电子商务的市场规则、消费需求和营销手法进行全面的营销推广，高举高打，而不必思前顾后，顾虑与线下产生直接的利益和价格冲突。

线下利益的保障：O2O中线上引导到线下的客户所成交的订单均属于顾客所在地经销商的业绩，一样享受销售加计和服务佣金，具体政策可灵活设定。

提供精准客源及提升销售：网络专供增加了网络销售订单，为线下提供一个新的流量入口和销售渠道，通过官方商城和天猫商城及其他线上平台的营销推广可以为线下提供更多的精准客户和人流，从而提升线下的销售业绩。

提供新的营销手段和促单利器：为线下提供新的营销促单工具，顾客在线下无法成交的情况下，销售人员可以利用电商网络专供款的优惠政策及性价比优势介绍顾客至线上官方商城或天猫商城查看订购，顾客订购后订单同样流转回经销商，算线下业绩。

突破线下终端店面空间及时间限制：店面因展示空间的局限，无法展示所有的商品，顾客在线下没有看中满意的产品时，店面人员就可以引导顾客至官方商城查看商品及图片展示，线上描述展示更加清晰丰富，配合线下的体验，能够最大化地提高订单成交率；同时，为门店提供一个24小时、全天候的商品展示平台，增加更多成交机会。

经销商与线上共同打击竞争对手：通过电子商务的发展，利用网络专供款等手段扩大网络销售份额，打击竞争对手，同时，也提升了经销商在当地的市场份额和话语权。

针对网络专供款策略有几点需要注意：第一，网络专供产品数量需要控制，数量过多的网络专供产品一定会反向挤压线下高利润产品的销售市场空间。第二，网络专供产品一定是符合网络客户需求的高性价比、时尚化、个性化的经典款产品，这个可以通过内部历史数据库和网络调研等方式获取，忌盲目开发，甚至直接把线下的传统老产品放到网络销售。第三，网络专供产品的开发一定要充分地考虑经销商的利润诉求，包括平台的扣点及物流运费等因素，在设计开发时就将这些因素考虑在内，品牌商及经销商双方各让一些利，网络专供爆款主要是起聚集订单和引流作用，线下经销商可以做一定的订单转化工作。

策略二：2/8产品策略

2/8产品策略，又叫举杠铃产品策略，即将线下80%原则卖不动的产品在线上以更高的多的价格进行展示，起到为线下促销打折衬托铺垫的作用。

策略三：新品策略

新品策略指对于公司即将上市的新品做前期的网络调研、平台展

示，不直接销售，重点是为线下的销售做好前期的宣传造势，甚至提供线上CTOB预订、预售，线下取货配送服务，为新品上市造势、宣传。

策略四：子品牌策略

这个是很多品牌企业较多采用的做法，如金牌厨柜的子品牌桔家G-HOME，七匹狼与与狼共舞，服装品牌商美特斯·邦威在天猫商城推出的专供品牌AMPM，家纺行业的罗莱家纺专门推出的网络品牌LOVO，类似的还有百丽等知名品牌商。

策略五：清库存及尾货策略

目前，服装尾货的竞争及尾货特卖模式的不断上马，也是传统企业供应链资源的整合竞争，谁能率先取得资源优势，并在平台打造类似唯品会的特卖模式，同时如果还能加以创新，打造成平台的黄金频道，也能占据先机。

很多传统企业还是处于为线下经销渠道清理库存、尾货、断码产品的阶段，这在一定时期内是有其积极意义的。但是，目前很多鞋服企业的库存商机是末路的疯狂，属于历史传统模式经营及经销商模式导向库存生产导致积压而遗留的产物，不具备长远发展，以后更多的将会类似CTOB的模式，企业对库存掌控优化势在必行，经销商也会更多的导入智能信息化，作需求预测并建立智能进货研判。CTOB模式，将是未来趋势。

目前，零售企业在线上销售的产品以过季的库存产品和网络特供产品居多，过季产品占到30%左右，网络特供产品约占30%，线下实体门店大多不再销售库存商品，这样线上和线下的产品互不交叉，是两套不同的价格体系，两种销售渠道可以并行不悖，这样也能一定程度上避免产品及价格的冲突。

策略六：线下同步线上分销策略

九牧卫浴这种2014年销售额超过1个亿的品牌其实就是将线下经销

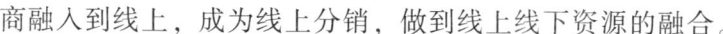

商融入到线上，成为线上分销，做到线上线下资源的融合。

策略七：线上线下同价策略

这种策略对品类有一定的限制，对企业要求比较高，一些快消品已经能够局部范围做到，苏宁也在尝试线上线下同价。未来，价格一定会趋向透明，线上线下同价将成为可能，因为，未来所有的公司都是互联网公司，不再刻意区分线上线下，O2O真正做到融合，电商实体化，实体在线化，线上线下各有分工，分工更加细分。

策略八：多点多仓联合配送策略

这种策略目前是能够比较好地解决渠道冲突和各经销商串货、乱价问题。经销商具有多重身份和作用。第一重，是作为品牌商的经销商，可以帮助总部电商平台卖货，也可以自己进货在线上渠道销售，销售后可以总部发货，也可以经销商就近发货；第二重，传统渠道经销商之间是不能串货的，在多点多仓联合配送模式下，经销商之间可以互相进货，A地经销商在线上把商品卖给了B地经销商的客户，则由A地经销商与B地经销商进货，由B地经销商发货，如B地经销商无货，则由省总经销调配或由总部发货，大家相互支撑，把仓储配送织成一张蜘蛛网。但这种策略要求参与的各经销商都有货，卖同一件商品或以同样的价格销售。

策略九：渠道整合策略

渠道整合策略能够较好地解决网络渠道与传统渠道之间不好合作的矛盾。简单地说，渠道整合就是消费者从网上订货，而供应商从离消费者最近的经销点发货，这样做既解决了传统经销的存货问题，也解决了网络渠道物流配送时间长的问题，可谓是两种渠道的优势互补。

策略十：O2O线上线下融合策略

O2O的融合过程，也是线上线下渠道冲突不断弱化、趋于统一的过程。不管O2O如何发展，均要做到以客户为中心来开展O2O业务。

传统企业电商的最佳模式

商务活动本身是一种协调过程。它需要客户与公司内部、生产商、批发商、零售商间的协调。在电子商务环境中，它要求更多的部门甚至是跨行业跨部门协作才能完成。电子商务作为一种新型的交易方式，将生产企业、流通企业以及消费者带入一个网络经济、数字化生存的新空间。

在电子商务环境中，人们不再受地域的限制，客户能以非常简捷的方式完成过去较为繁杂的商务活动，如通过网络能够全天候地购买自己的所需，也能查询各种信息等，同时使企业对客户的服务质量得以大大提高。

电子商务能够规范事务处理的工作流程，将人工操作和电子信息处理集成为一个不可分割的整体，这样不仅能提高人力和物力的利用，也可以提高系统运行的严密性。

电子商务是一个笼统的大概念，包含了B2B、B2C、C2C、C2B（团购）、O2O等不同的商业模式。

只有B2C或C2C才是消费者直接产生购买行为的商务模式，而只有B2C才是传统企业直接面对消费者的商务行为，这在传统营销模式中被称为直营模式。直营，顾名思义，是厂家直接经营，一些实力雄厚的大品牌往往喜欢采用直营的方式，直接投资在大商场经营专柜或在黄金地段开设专卖店进行零售。一些国际顶级品牌如阿玛尼、杰尼亚等出于品牌维护的需要，一般都采取直营方式。

传统的商务模式是：生产商—渠道商—零售商—消费者，正在进步

的传统直营模式是：生产商—消费者，B2C的商务模式也是：生产商—消费者。

传统直营模式与B2C缩短了商务活动的中间流程，加快了商务进展速度，传统直营模式与B2C的商业模式本质是相同的，只不过直营是"水泥里的销售"，而电子商务是"鼠标上的销售"。

无论是传统营销环境还是网络营销环境，直营或B2C都已经成为市场发展的新引擎。

对于消费者来说，传统品牌B2C具有非常大的优势和吸引力：

（1）传统企业是品牌制造企业，相比其他零售渠道，品牌企业的直营渠道更容易获得消费者的信任，更具有号召力。

（2）产品的优先销售优势，显然在上架时间上领先于分销渠道，可以获得更为广泛的关注。

（3）因为减少了中间环节，到达消费者手中的产品价格更实惠。

从消费者购买过程中可以分析出网络购买过程与传统实体店铺的购买过程的最大区别在于实体店铺消费者需要到店铺里去产生消费，可以进行试穿体验，让消费者产生购买欲望；而网络消费主要是靠图文传递产品信息，是一场视觉体验，消费者只需轻点鼠标，在家里就能购买到自己喜欢的产品。

对于传统企业来说，电子商务B2C的业务流程与实体店直营模式的业务流程基本相同，只不过电子商务是将传统实体店零售虚拟化最终达成的交易。

电子商务因其特性让传统企业B2C的优势体现得更加明显：

（1）企业对品牌的控制力强，无论是品牌传播、形象管理还是产品力都具有统一性，实现品牌与市场的共同发展。

（2）渠道扁平化，减少中间代理层级环节，运营成本更低，利润更大。

（3）产品信息传递速度快，新品到达消费者的过程缩短。

（4）能够直接接收到顾客对产品的反馈。

B2C从渠道上分为商超和专业商城两种定位，如：京东商城、天猫、邮乐网、拍拍网是商超的代表；凡客、麦包包、苏宁电器又是专业商城的典型。

从传统企业B2C模式的基本结构中可以看出，传统企业的电子商务业务核心与传统实体营销的模式一样，都是营销、供应链和组织管理三大体系作为主要的业务核心。而这三大体系对于传统企业来说都具有很强的优势。

电子商务营销体系包括商品展示（含站内搜索、导航等）、内容展示（店铺装修、宝贝描述、宝贝模板等）、订单确认（含购物车、订单提交等）、支付系统（含第三方支付系统接入、内部账户余额积分等内部支付系统、货到付款系统等）、用户服务（含查询、下订单及账户查询、退换货等）、CRM系统（含会员管理、呼叫中心、客服管理等）等部分。

供应链包括商品与促销（含品类管理、单品管理、活动管理等）、订单处理（含订单录入、订单审核等）、仓库管理系统、采购管理（含供应商管理、采购单管理、库存管理等）、财务管理（含供应商结算、渠道结算、内部结算、配送结算等）、报表管理（含搜索报表、销售报表、财务报表、客服报表、仓储物流报表等）、系统设置（含基础设置、权限设置等）、外购网站分析系统等。

内部管理体系包括人力资源（电子商务专业人才和管理人才的招聘、绩效体系的推动等）、管理流程（包括组织的调整、职责权限的界定）、绩效考核标准（各个岗位的绩效标准的制定、推动、考核等）等各方面。

B2C是企业实现电子商务、推动企业业务发展的一个最佳切入点，

企业获得最直接的利益就是降低成本和提高效率。

未来B2C将会是传统企业电商模式的核心，B2B和C2C、C2B（团购）、O2O只是作为传统企业电子商务的辅助市场。因此传统企业进入电子商务行业，B2C模式是其最佳的商务模式。

对于消费者来说，对传统品牌的认知和线下实体销售模式给消费者带来的是信任和由信任带来的购买力，这点是很多电子商务品牌无法比拟的优势。当然，传统企业电子商务要根据自身的资源配置，无论确定哪一种商业模式，最终考验的都是企业的经营能力，如在横向上对各类资源、产品的协调与平衡能力，也就是线上线下的冲突管理能力。

O2O变革之重

O2O营销模式又称离线商务模式，是指线上营销线上购买带动线下经营和线下消费。O2O通过打折、提供信息、服务预订等方式，把线下商店的消息推送给互联网用户，从而将他们转换为自己的线下客户，这就特别适合必须到店消费的商品和服务，比如餐饮、健身、看电影和演出、美容美发等。

O2O的涵盖非常广泛，只要产业链中既可涉及线上，又可涉及线下，就可统称为O2O。O2O的本质是传统营销方式借助"电子"，借助"互联网"的力量的升级。鉴于其特有的便利性和优越性，O2O营销模式已经成为移动互联网时代备受关注的营销行业的新宠。

在O2O营销模式中，店铺是核心，电子商务只是辅助手段。店铺要想方设法在网上寻找目标消费者，然后将他们带到现实的店铺中。对

消费者来说，他们在这种模式下既享受了互联网快捷流畅的信息体验，也不用因为没看见实体产品而产生种种怀疑。而对商家来说，他们既为实体店增加了客流量，也能通过线上的数据（预约、支付情况）积累有价值的营销信息。

相比传统电子商务模式，O2O的开发前景更加广阔。最早提出O2O概念的美国人阿列克斯·拉姆贝尔指出：美国电子商务的每年平均客单价大约1000美元，而美国人的平均收入则是40000美元。也就是说，O2O的商务规模在理论上可以达到传统电子商务规模的10~20倍。创新工场CEO李开复也表示，O2O未来会改变中国，线上、线下一旦连起来，这是巨大的爆发式力量。

O2O创意营销正逐渐成为企业的主要选择。

下面就来介绍一下近两年五个试水O2O的经典案例，它们各有侧重，也各有成败，相信对不同的行业从业人员会有不同的借鉴意义。

最顺畅的O2O：绫致时装

丹麦著名时装品牌绫致时装很早就和微信开始合作了。它先通过线下店面的微信扫码将用户链接到线上，通过线上线下的搭配使得消费者看到更多的绫致时装。这种做法令线上得以享受线下的流量，线下又能享受到线上的种种服务。合作半年左右，绫致时装基本实现了其线上线下的结合。

绫致时装的这种O2O模式受到同行的肯定，但模仿的门槛比较高。通常服装品牌的O2O会遭遇线下各店铺反应不积极、各商场促销折扣无法统一等问题。而绫致时装由于做的是直营店，而且服装价格统一，也就不必考虑这些因素了。

最踏实的O2O：银泰百货

银泰百货一直是零售业的标杆企业，银泰的O2O营销策略的重点是对用户的识别、定位与互动。银泰的线下大型百货商城和购物中心基本完成了全场WiFi覆盖，用户进入商场后若是打开WiFi链接，附近的门店就会向其推送各种消息。这些消息相比街头随机派发传单要更加精准，因为这些消息是店铺在分析该用户在全网的消费记录数据后，按照其消费偏好筛选的。

这也是大数据时代零售业O2O发展的一个主要方向，即贯通线上线下的数据，为潜在用户提供个性化的精准营销服务。

银泰的这种做法在零售业中并非个案，但毋庸置疑，它是做得最早的，也最踏实的。这也吸引了互联网大佬阿里巴巴的注意。2014年3月31日，阿里巴巴集团宣布53.7亿元港币投资银泰商业集团，这笔交易被业内人士看作是马云布局O2O的大手笔投入。天猫虽然在每年"双十一"都取得了惊人的销售额，但由于受到众多线下商家的抵制，所以其O2O进展并不顺利。这次马云投资银泰，就是看中了它在这块的稳固基础和丰富经验。

最标准的O2O：居然之家

居然之家是融家具建材市场、乐屋家装、居然在线、丽屋超市等多业态为一体的大型主题购物中心。作为传统企业，居然之家虽受到天猫的围追堵截，但它并没有束手就擒，而是开始了自己的O2O战略。居然之家的战略目标是打造建材家居领域的垂直平台电商，从标准O2O模式切入，按地区设立分站点，坚持线上线下"同一经营主体、同一产品、同一价格、同一服务"的四同原则，让电商与线下的家居卖场之间发生真实而剧烈的化学反应。

由于家居建材行业比较特殊，销售的几乎都是大件商品，在验货、物流、安装等方面容易产生种种问题，而单纯的网购缺乏体验感，所以并未受到人们追捧。因此，家居建材电商必定要采用"线上线下共同发展"的O2O模式。当然，这种模式也意味着家居建材企业将来一定不会只是一个线下的家具卖场，它还会成为一家数据和IT公司。正如北

京居然之家电子商务有限公司总经理汪小康所说的那样："O2O模式的实质便是实现线上线下无缝融合，基础则是数据一元化。未来居然之家要实现三个层面的数据统一：一是实现所有店面的数据统一；二是实现线上和线下的数据统一；三是实现居然之家和品牌商户的数据统一。当所有数据实现统一，居然之家便可通过O2O模式实现全渠道营销。"

最成功的O2O：星巴克

星巴克是最早触网的传统餐饮企业之一，早在1998年，星巴克就有了官方网站Starbucks.com。星巴克CEO霍华德·舒尔茨曾打算把星巴克打造成一家通过网络销售咖啡、厨房用品等产品的互联网公司。

星巴克可以说也是最早触电O2O的传统企业之一，它通过提供免费线上服务（Online）为线下门店（offline）吸引并留住了大量顾客，在大幅增加收益的同时，还树立了良好的品牌形象。在移动互联网发展迅速的时候，星巴克第一时间组建专门团队运营其Facebook、Twitter和YouTube账号。很快，星巴克就成为各大社交网络上最受欢迎的餐饮品牌之一。这些都为星巴克的O2O战略打下了良好的基础。

2009年之前，星巴克开始为客户提供短信查询附近门店的服务，2009年9月，星巴克正式推出了APP"myStarbucks"，通过它用户能更快捷地查询附近的店铺及菜单信息。此后，星巴克相继推出了多款手机应用，通过种种有趣又实惠的方式保持移动互联网端的营销热度。2011年1月，星巴克再迈出关键一步，推出自己的移动支付客户端，这一年星巴克在移动端就达到了2600万美元的销售额。紧接着，2012年8月，星巴克向移动支付企业Square投资了2500万美元，3个月后便正式在其门店使用Square刷卡服务，并通过"10美元购买激活即送10美元余额"的方式进行推广。这些举措为星巴克的O2O线上线下融合起到了不小的加速作用。

目前为止，星巴克已成功建立了"官方网站+网络社区+社交媒体"三者紧密结合的线上运营体系，从O2O的角度来说，星巴克的线上部分已经能够高效地完成其品牌推广、产品销售以及客户关系管理等任务。通过近几年在移动支付领域的投入，加上移动互联网的发展特点，星巴克的线上和线下已经实现高效无缝融合。

最边缘的O2O：京东商城

O2O的影响力并不只局限在生活服务、门店零售等"看得见"的地方，仓储、物流等配套服务也深受其影响。京东由于缺少自营的线下门店，所以它更倾向于做平台型O2O，但是，它又不具备天猫这样的巨大流量入口，所以，它将重点放在了自建的物流网络上。据悉，在京东负责O2O的正是其物流部门的负责人，由此可见其O2O战略必定是建立在物流基础上的。

2013年开始，京东立足于供应链的整合与优化，在仓储物流推行六大举措：一是开通400热线，实现便捷沟通；二是建立快速通道、提升入库效率；三是实施"当日预约、次日送货"；四是筹建转运中心，支持全国铺货；五是推广协同发货，缩减交付周期；六是开放仓储服务，实现跨越发展。同时继续在成本控制、库存优化和信息共享等方面发力，为供应商提供最好的仓储物流服务。

截至2014年3月，京东已建立了总面积超过130万平方米的82个仓库，覆盖全国476个城市的1485个配送站点。京东首创的"211"限时达、当日达、次日达等服务，也早已成为全国电商行业的配送服务标杆。不要小觑这种优秀的物流能力，正是它最大限度地释放了中国互联网的在线购买力。

京东主打的以物流为基础的O2O平台战略为厂商提高了货物周转率，降低了其周转时间成本，从而达到了优化整个供应链布局的共赢结果。

美特斯·邦威：用科技"绑架"消费者

O2O的最终目的就是打通线上与线下，让消费者享受无缝服务，所以，这也是O2O营销的关键所在。设想一下这样一个场景：当你在一家服装品牌的店面逛累了，走几步就可以找个地方舒服地坐下来喝喝咖啡，看看报纸杂志——这一切都在这家门店内发生。如果这时候你还想继续挑选这家店铺里的衣服，又懒得再起身，就可以拿出移动设备连接店铺提供的WiFi，进入店铺的官网，或者用该店铺的APP进行线上选购，选好了由店面服务人员拿来让你试衣，满意的话你可以选择现场付款，也可以在移动端在线支付……这就是O2O的真实价值，也是零售等行业未来发展的方向。

当然，这种场景并非只是设想，著名服饰品牌美特斯·邦威（以下简称美邦）已经开始了这种高级O2O的尝试。美邦是服装行业内公认的O2O做得比较领先的企业，其电商起步较早，2009年即已搭建电商平台邦购网。2013年，美邦在其他企业还在对O2O持观望态度时率先将O2O战略落地。2014年，美邦新开设的重庆新华国际店已经实现了本页第一段中介绍的那种O2O消费场景——此时，许多其他著名服饰品牌还停留在策化O2O策略的阶段。

下面我们就来看看美邦的O2O营销究竟有哪些值得关注的亮点。

一、在线下设施中嵌入线上服务

美邦在重庆的体验店是一家全品牌集成店，囊括美邦旗下的Metersbonwe、ME&CITY、ME&CITY KIDS和Moomoo四个品牌，消费者可以从这家店里找到从儿童到成人的所有服饰品类。全品牌意味着店铺占地面积大，美邦重庆店共有四层，为了让顾客感受到最好的线下服务，也为了最大限度地激发顾客的购买需求，美邦在店内设了咖啡吧，里面提供免费书刊浏览。

通常情况下，消费者逛街逛累了会选择找家餐厅或咖啡店休息，之后便不会再去同一家店，而美邦的这种设置就避免了这个问题，消费者在美邦的咖啡吧休息之后，还会继续待在美邦的店铺里挑选商品。另外，美邦还在咖啡吧提示消费者：这里有免费的WiFi，你可以登录邦购网，或者登录美邦APP在线上购物。美邦用咖啡吧留住逛累的消费者，再用线上服务来进一步挖掘用户的购买需求，效果显而易见。

二、用"时尚顾问"升级用户体验

美邦为了融合线上线下，提升顾客的消费体验，在很多方面花了不小的心思。

在进店的地方，有一个显眼的万花筒电子屏幕，让消费者一进门就感受到浓浓的科技感与现代感。这在提升美邦店面档次的同时，也促使消费者在美邦的店里更加倾向于使用科技产品。为了进一步提升顾客的消费体验，美邦在每个楼层都设置了名为"时尚顾问"的互动装置，顾客只要扫描一件衣服的条形码，该装置都可以立即为顾客提供相关的搭配意见。在试衣间，内置在Pad上的搭配推荐系统也会给顾客显示搭配效果，让消费者在试衣之前就能了解所选的衣服怎样搭配起来更好看。

该系统不仅能显示搭配方案，还能列出该商品的详细信息，在方便顾客挑选的同时，也提高了美邦工作人员的工作效率。

三、打通线上支付，完善售后环节

如果消费者对推荐的搭配比较满意，可以直接在Pad上登录云支付系统进行付费。消费者如果看中了系统推荐的搭配，线下试穿比较满意，又懒于去排队结账，就可以直接在Pad上扫描支付。美邦目前支持支付宝和微信两种支付方式。同时，邦购网与美邦APP也接入了线上支付功能。

除此之外，如果某家店铺内出现缺色断码的问题，美邦也通过Pad联网的方式提供了完善的解决方案。消费者如果在一家美邦店铺看中

喜欢的衣服却被告知缺货，美邦就会在线联系离消费者家最近的美邦店铺进行配送服务。这种做法既最大限度地减少了销量流失，也提升了顾客对美邦品牌的好感度。

四、积累数据，建立客户关系管理系统

美邦认为，要做好O2O，就必须在宏观上给予足够的重视。除了领导层的重视外，还要加强整个团队的互联网思维训练，以及线上营销的团队建设与长期经营。美邦除通过微信订阅号向附近用户推送促销信息外，还通过店铺内的WiFi数据来检测用户在哪层停留时间较长，对哪些商品的挑选次数更多。加上线上购买记录数据，美邦期望能够建立一个完善而精准的客户关系管理系统。

美邦的O2O营销策略有很多值得借鉴的地方，它以提升用户体验为基准，开发出很多让人耳目一新的软硬件设施，其中"时尚顾问"是一个不容忽视的亮点。在咖啡吧提供WiFi虽然也是一个妙招，但其作用体现在用户休息时，对现场消费的刺激不够。而"时尚顾问"主要服务于顾客的购物阶段，在通过高科技装置为用户提供高级体验的同时，也通过"直观显示搭配结果"悄悄改变了消费者的消费习惯，极大提高了美邦的销售效率。通常情况下，顾客为了买一件合适的衣服，会反复挑选和试衣，"时尚顾问"的出现帮助他们更加直观、便捷地找到最适合自己的穿衣搭配，提高购物效率的同时，还刺激他们进行关联消费。这种用科技改变消费者的消费习惯，进而提升业绩的策略值得大家借鉴。

"激进"的苏宁：O2O是营销，更是革命

O2O不只是说一个店既要在线上也要在线下，其产业本身也有O2O的问题。零点研究咨询集团董事长袁岳表示："再过十年，绝大多数企业都是O2O的。过去O2O可能只局限于某个公司内部线上和线下业务的对接。而在未来，O2O势必会改变产业形态。"苏宁的O2O营销战略

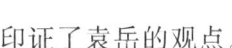

印证了袁岳的观点。

大船转弯：苏宁全面O2O化

苏宁坐拥1700多家门店和每年千亿的交易额，只要在现有模式下进行优化调整就能实现稳步增长——尤其在中国零售业整体仍处在粗放式发展的前提下。但苏宁既没有偏安于实体零售，也没有一门心思发展电商，它选择将O2O当成自己的战略转型目标。

2013年6月开始，张近东要求苏宁线下实体店商品价格全面向线上看齐，这种降低线下毛利的做法要求线下店面提高运营效率，进而对苏宁集团的原有业务组织架构也提出新的要求。这场激进的O2O革命是苏宁的冒进之举吗？不然！我们下面就来详细分析一下苏宁的O2O战略究竟有何玄机。

我们知道，对零售业O2O来说，最大的难题在于如何打破横亘在线下和线上渠道间的诸多障碍：定价、服务，沟通等。苏宁为了全面实现O2O，在这些方面作了不小的努力。

一、线上线下的组织融合

首先，苏宁力图实现线上线下的组织融合。零售业的O2O业务发展首先需要的就是打破原有的组织架构，将线上线下两大业务板块的组织与人员进行融合，将其合二为一。在这个基础上，将原来各自独立的两个渠道的采购、仓储、配送、营销策划等板块进行完全融合，在资源共享之余，还能实现成本控制与绩效考核的统一，提高集团的运作效率。2013年，苏宁就对其组织架构进行了全面的调整，其电子商务及其平台原有的采购、供应和定价等职能全部划归商品经营总部。2014年初，苏宁又将负责线下门店的连锁平台经营总部与负责线上苏宁易购的电子商务经营总部进行整合，组建了"运营总部"。与此同时，苏宁线上线下的物流、客服等部门也实现了全面的融合。

二、线上线下的商品陈列融合

由于零售业实体门店会受制于时空，顾客不可能有效地浏览所有商品信息，而互联网的发展则给了实体门店创新陈列方式的机会。通过互联网虚拟陈列技术，现在网上商品已经可以在门店有限的空间内得以无限延展。虚拟货架、二维码、视频展示等多种方式都极大拓展了零企业的销售空间和销售时间。同时，线上的商品陈列还能与线下门店进行互动，顾客的购物体验将变得更加顺畅。

三、线上线下的商品价格融合

除了购物效率的差异，线上线下的价格差异也是电商分流实体店销售额的重要原因之一。现在的网购趋势愈发明朗，顾客多通过比价等多方式挑选出性价比最高的网站下单。其实，消费者也知道，羊毛出在羊身上，这些折扣的背后是相应的服务、质量保障等方面的损失。因此，同一商品尽快实行线上线下价格统一，并提供同等服务，是既防止电商间恶性竞争，又能解除消费者担心的必然之举。2013年6月，苏宁率先实行双线价格统一，不再把营销的精力放在价格战上，而是以店面为平台，通过让实体店员工熟练运用社交网络工具进行精准营销等方式来为线上引流销售，进一步深化其O2O模式。

四、线上线下的流程与服务融合

移动互联网时代，消费者的购物路径呈多样化趋势。其消费需求既可能产生于逛街过程中，也可能产生在家里、办公室里，甚至在上班路上。因此，单一的渠道无法满足其消费需求，更无法满足企业自身的营销需求。2013年以来，苏宁通过其对商品线上展示的推进，增加对快捷支付和仓储配送的投入，使得消费者可以自由地切换购物渠道：可以在线浏览、付款并享受配送服务，也可以网上下单后去门店验货自提，还可以在门店选中下单后上网支付。当然，苏宁的服务并不止于此，它积极利用互联网技术，对售前、售中及售后的服务进行一体化融合。2013年10月，苏宁将其线上线下的会员体系打通，保障所有苏宁会员的相同权益。

O2O不是手段，而是方向

我们看到，经过大刀阔斧的改革与高效的执行，苏宁的O2O模式很快就突破了线上给线下导流的原始阶段，迈入线上线下多方式无缝融合的中级阶段。其线下客流量与订单量因此成倍增长，线上苏宁易购的移动客户端销售更是猛增10倍，各项指标都刷新了纪录。

苏宁的O2O模式告诉我们，O2O绝不只是一个新鲜的概念，绝不只是一种简单的营销方法，它更代表了一种未来的发展方向。因此，企业的O2O营销不能流于表面：建立一个网站、开发一款APP，或是在实体店里放个Pad……这些零碎的举措远没有触及O2O的核心价值。试想一下，连苏宁这样的巨头都开始为了O2O进行大刀阔斧的深化改革，众多中小企业是不是更应该及时反思自己的O2O战略？

中国零售业在经历了以连锁店为代表的实体零售阶段后，以电商为代表的虚拟零售阶段异军突起，但就在电商冒出来没几年的今天，它又开始加速进入以O2O零售为代表的虚实融合阶段。是紧跟浪潮，迎头赶上？还是踟蹰徘徊，被浪潮吞噬？相信大家都有自己的判断。

二维码：一键连接线上与线下

就现在来说，二维码已经随处可见：杂志里、广告牌上、商务名片上，甚至有人把它们印在T恤衫上。它们已在悄然间占领了我们生活的每个角落，我们甚至来不及回忆是从什么时候开始习惯了这些奇怪的小小正方形图案的。是的，这种很像立体条形码的东西就是二维码。

20世纪90年代中期，丰田公司的一家子公司为了追踪汽车配件发明了二维码。如今，二维码由于其成本低、输入速度快、准确率高，已经渐渐成为人们网上关注、购物、支付的方便入口，也是企业进行线上营销的关键阵地。二维码一键连接线上与线下，可以极大增加用户参与营销活动的便捷度与趣味性，所以也是O2O营销的主要手段之一。

对市场营销人员来说，二维码的潜力和应用都不可限量，因为二维码几乎可以用任意尺寸打印在任何地方，而且都不影响用户的扫描效果。消费者扫描二维码后立即就能登录到相关网站或交互式广告平台，这对O2O营销来说是最快速便捷的通道了。虽然也有人对二维码的移动互联网营销作用持怀疑态度，如Comscore移动高级副总裁马克·多诺万就说过："有很多方法可以将移动营销有效地整合到现有的媒体和市场活动中，以便接触到目标消费者群体，而二维码只不过是其中之一罢了。"但这些意见并不能掩盖二维码风头正劲的事实。

时下众多以年轻时尚人群为目标的平面媒体都把目光投向了二维码购物上，他们在服装、化妆品、包的图文介绍旁边都加上了相应的二维码，让读者在阅读报刊产生购买欲望时可以立即通过拍摄二维码跳转购买页面。这种模式被广泛使用，甚至渐渐成了二维码营销的标准模式。这种做法虽然看起来很有针对性，也在事实上取得了不错的效果，但其本质上和网络购物没有区别。二维码作为连接线上线下的高效通道，其最具有战略意义的营销方式应该是通过互动来增加产品人气。

著名内衣品牌维多利亚就做过一个经典的二维码互动案例，它在户外放置了一个诱惑力十足的广告牌，广告牌上的模特一丝不挂，只在胸前盖上了二维码，旁边配的广告词是"Reveal Lily's secret"（来揭开莉莉的秘密吧)。很多用户被吸引拿起手机拍摄该二维码，结果答案揭晓，原来二维码背后是维多利亚的秘密系列内衣。显然，路人不会觉得被维多利亚戏弄了，相反，他们会记住维多利亚的这次创意营销，也会记住维多利亚秘密内衣带来的诱惑。

为解决超市中午人流量和销售量低的问题，韩国Emart超市也利用二维码进行了一次创意互动营销。它在户外设置了一个QR二维码装置。一天中的其他时段都扫描不出这个QR二维码链接。只有在正午当阳光照射到它上面产生投影后，这个QR二维码才会正常显现。此时用手机拍摄这个QR二维码就能获得超市的优惠券。这一营销措施成功吸引了很多客户在中午来Emart超市购物。

二维码可以链接的东西很多，除了图片，还有音乐、视频等。国内也有过许多尝试，如畅销书《我们始终牵手旅行》的封底上就有一个二维码，扫描之后就会发现，这是该书作者创作的一支同名单曲。这一模式现在已经成为图书营销的必要步骤，绝大多数书籍都会在背面印上二维码，或是该书作者的个人信息，或是该书出品方的微信公共账号，抑或是同系列其他书的销售信息。

给用户一个拍二维码的理由

无论采用何种二维码营销模式，都需要解决一个问题，那就是用户为什么要去拍摄二维码？虽然这个过程并不烦琐，但移动互联网用户却并不喜欢做没有意义的事。因此，企业不仅要让二维码营销动起来，还要用创意给用户一个动手拍摄的理由。

一次车展上，汽车商没有像惯常那样单纯用靓丽的模特来吸引眼球，而是在模特胳膊上印上别致的二维码。这种做法有一个先天的好处，那就是本来人们在车展上就会习惯性拿出手机来拍照，这样就省去了刺激用户拿出手机的过程。当然，汽车商也没有忘记模特的作用，

在二维码拍摄后的转换内容里，不仅有汽车的车型等信息，还有该模特的姓名、身高等，还可以与车模进行加关注、发消息等互动。

为了区别于传统的黑白相间的、缺乏美感的二维码，很多企业在二维码形象上进行了创意设计。

移动、联通、电信、红星美凯龙等企业就尝试将自己的LOGO设计成个性化二维码。联通把其二维码设计成了与LOGO相匹配的中国结样式，让用户感到很新奇。时代华纳公司旗下的HBO电视网在其吸血鬼题材的剧情片《真爱如血》（True Blood）的电视广告中，使用了滴血的二维码图案。

二维码营销结合社交网络

仅仅让二维码变化一下形态还不够，要想真正开启二维码营销市场，未来就一定要把二维码和社交网络相结合，快速融入移动互联网的世界中。未来二维码的一个发展方向应该是通过拍摄链接到有价值的信息，并设置社交账号的快速入口，方便随时保存、分享到自己的社交账号，并关注信息发布者的社交账号。这样，用户和企业就可以在社交网络上进行进一步交流。同时，为了解决现在很多用户在拍完二维码之后，因为没有看到自己最在意的信息而选择忽略造成的用户流失问题，企业应该在二维码链接平台上设置人工服务功能，为用户提供即时服务，进一步提高购买转化率。

如此一来，二维码营销就能从简单粗暴的广告投放和单纯的创意设计中跳脱出来，形成一个以二维码为沟通链接的更加精准的营销渠道，其所能给企业带来的营销效用将不可估量。

O2O+LBS模式：值得期待的领域

在移动互联网大好的发展态势下，经历了火爆到遇冷这样大起大落的境况后，LBS行业再度被看好。国内O2O行业领军者，客多集团CEO郑志祥表示，未来是属于移动互联网的时代，而在O2O这样的生活服务类平台的支撑下，基于LBS位置定位的本地生活化服务商圈模式，将拥有更广阔的市场前景。

LBS（Location Based Service）即基于位置的服务，它是通过无线电通信网络或外部定位方式，获取移动终端用户的位置信息，为用户提供相应服务的一种增值业务。对于LBS服务的价值，百度移动产品部高级总监李明远认为，就像浏览器是接触Web互联网最重要的入口一样，LBS将成为移动互联网的入口。而艾媒咨询的分析师也认为，LBS是个值得期待的领域，这个领域将存在很多的机会。

在经历最初的火爆后，用户逐渐对这种单纯的位置"签到"感到无趣，LBS从大热到大冷，让行业认识到，仅靠商家地点发现和位置推荐来赚取广告费的商业模式，并不能保证用户的黏性。而美国LBS先行者Foursquare签到模式由于虚假签到和缺乏实用性宣告死亡的案例，也说明这种虚拟的签到模式很难调动用户积极参与。对此，客多集团CEO郑志祥认为，LBS行业需要找到一条与线下服务结合的模式，让用户真正获得线上到线下的体验感。而从目前来看，本地化生活消费类的O2O平台是一个很好的契合点。

如今，最初的LBS企业像大众点评、切客网都找到了一条线下的发展道路，即把LBS与团购结合在一起，为用户服务的同时为自己盈利，

从而获得更健康的发展。客多集团则是基于其创新的O2O模式，结合LBS技术打造了一套新的"商圈异业消费链商盟"的营销推广模式：将同一商圈1~3公里范围内异业不存在竞争关系的商铺，通过在线交易平台客多网+手机客多、核心营销服务平台客多宝和线下的媒体化液晶屏广告机等展示系统凝聚成商盟，实现了商圈非竞争商家间的客户资源共享、跨店交叉营销、共同发展顾客、整合品牌传播的效果。商家一旦加入商盟，将为其带来稳定的顾客流量，降低高昂的推广成本，在周边消费者心中提升品牌知名度和影响力，实现黏性消费。

比如A在手机上安装了客多软件，通过手机客多优惠库，A能查看到附近所有商家的优惠信息、订阅他所感兴趣的优惠，比如B餐厅的5折、C洗浴中心的8折、D电影院的2折等，而他只要操作领取优惠，到店就可以直接获得折扣，免了以往下载、打印等烦琐步骤。通过这种模式，为用户提供了便捷和优惠的生活新方式，也能引导消费者从就餐到休闲的一系列消费行为，这样一来，商盟的整体推广优势就更为凸显了。

当然，LBS无论是与O2O、团购还是旅游消费等领域结合，都是不同形式的尝试和创新，是为了满足用户个人需求而提供的服务。客多集团CEO郑志祥表示，把消费者体验感作为LBS应用发展的方向，将成为未来互联网商家竞争的主要点。同时LBS服务也将成为本地生活消费类O2O平台十分重要的一部分。

"本地生活消费类O2O是目前市场上唯一可能产生超级电商企业的领域，谁能提供更优质的服务和更适合市场需求的服务，谁就能最终赢得市场。"郑志祥称。

一位消费者想寻找一家中档餐馆，与朋友共进饭餐。他掏出手机，用百度地图搜索了一下周边的餐馆，立即搜到了周围2公里内的30余家餐馆。哪一家更合适呢？这位消费者通过"大众点评网"对比了一下餐馆类型、人均消费、餐馆位置、餐馆照片、推荐菜，以及过往消费者对该餐馆的评价，然后选择了一家有团购优惠活动的餐馆。

随后这位消费者在线购买了团购券，用支付宝完成了移动支付，并使用"订餐小秘书"的在线订餐功能完成了预订。晚餐时，他向餐馆展示了预订和团购信息，获得了相应的服务和优惠。用餐结束后，他在大众点评平台上对此次消费体验进行了评价，供其他消费者参考。

这样的消费方式并不算稀奇，不少人都体验过。此类消费流程是一种典型的O2O模式，即线上到线下模式，互联网平台引导消费者在线上平台（Online）完成消费决策，甚至预订和支付后，再到线下（Offline）实体店进行消费的过程。从2012年起，线上到线下（O2O）概念兴起。包括餐饮、美容、电影、酒店等在内的本地服务领域，被认为是电商之后的又一个"万亿"级别的市场。

而智能手机和移动互联网的发展，为O2O模式插上了翅膀。再加上位置服务（LBS）、客户关系管理系统（CRM）、移动支付等技术和服务的成熟，O2O模式正进入一个黄金发展时期。

大众点评、美团、嘀嘀出行等O2O公司迅速崛起，阿里巴巴、腾讯、百度等互联网巨头也相继在O2O领域加速布局。O2O平台，作为一种风起云涌的新兴商业模式，我们应该如何去理解它、驾驭它，并获得成功？

O2O平台布局的"五阶段模型"

与传统的消费者在商家直接消费的模式不同，在O2O平台商业模式中，整个消费过程由线上和线下两部分构成。线上平台为消费者提供消费指南、优惠信息、便利服务（预订、在线支付、地图等）和分享平台，而线下商户则专注于提供服务。在O2O模式中，消费者的消费流程

可以分解为以下五个阶段：

第一阶段：引流

线上平台作为线下消费决策的入口，可以汇聚大量有消费需求的消费者，或者引发消费者的线下消费需求。常见的O2O平台引流入口包括：消费点评类网站，如大众点评；电子地图，如百度地图、高德地图；社交类网站或应用，如微信、人人网。

第二阶段：转化

线上平台向消费者提供商铺的详细信息、优惠（如团购、优惠券）、便利服务，方便消费者搜索、对比商铺，并最终帮助消费者选择线下商户，完成消费决策。

第三阶段：消费

消费者利用线上获得的信息到线下商户接受服务、完成消费。

第四阶段：反馈

消费者将自己的消费体验反馈到线上平台，有助于其他消费者作出消费决策。线上平台通过梳理和分析消费者的反馈，形成更加完整的本地商铺信息库，可以吸引更多的消费者使用在线平台。

第五阶段：存留

线上平台为消费者和本地商户建立沟通渠道，可以帮助本地商户维护与消费者关系，使消费者重复消费，成为商家的回头客。

探索更有效的闭环形式

未来本地生活服务O2O领域的布局仍将继续，竞争将更加激烈。那么，O2O平台商业模式的本质是什么？O2O平台竞争的有效策略是什么？连接并满足各方需求，只是O2O平台商业模式成立的基础，能不能获得持续的发展，还要看其能否建立有效的盈利模式。

目前，O2O平台的收入主要来自向商家收取的营销费用（如团购、优惠券、广告等）和服务费用（如预订服务、在线支付等）。线下商家往往需要O2O平台量化对其销售额的影响，才支付相应的费用。但是，大部分交易过程和最终的服务是在线下完成的，这就意味着大部分的交易信息和消费结果无法反馈到O2O平台上。那么，这个消费过程是无法形成有效的信息闭环的。

假如一消费者根据大众点评网的商户信息，进行消费决策，并到店里消费了。这是事实，但是他的决策结果和消费情况，大众点评是难以跟踪的，这样就难以与线下商户分享收益。因此，当商户与消费者发生交易时，O2O平台能否从中受益，关键是看其能否构建出有效的信息闭环。

团购服务要求在线支付，天然地使交易信息形成闭环，因而成为现阶段本地生活O2O平台主要的销售额来源。预约预订、会员卡、在线点餐和结账等形式也逐渐形成了一定程度上的信息闭环。在未来O2O平台的竞争中，还需要探索更有效的闭环形式与盈利模式。

除此之外，值得指出的是，O2O平台的商业模式是基于线上与线下的结合，这就意味着，O2O平台企业难以像电商等互联网平台企业一样，完全依赖于线上平台。同时，本地生活类线下商户的需求是多样而复杂的，如果O2O平台仅仅提供标准化的线上服务，是难以满足大部分线下商户的需求的。

这样，一方面，O2O平台需要在线下与商户进行沟通、合作，为他们提供一定的定制服务；另一方面，对于O2O模式的认识，大部分线下商户仍停留在比较初级的阶段，需要一个进一步教育的过程。

出于以上两个原因，O2O平台普遍需要大量的线下推广，以及庞大的商户咨询团队支撑，这就使得O2O平台模式变"重"了。线下成本随之增加。这也是O2O平台在盈利上需要解决的问题。

第六章

拥抱"大数据"，对内对外占尽先机

电商大数据背后的机会

　　数据，是一个比较抽象的名词，对数据的使用和研究由来已久，经过处理的数据可以作为人们行为的重要参考。小到日常消费大到企业运营、国家决策，经济领域的数据运用是比较全面和深入的，由数据衍生出的模型在各种决策中发挥着重要作用，而作为发展最快的一种商业模式，电子商务对数据的利用尚处于初级阶段。

　　伴随互联网的兴起，数据的概念已经发生了根本性的变化，20世纪初，数学、物理学等自然科学一直是数据应用最广的领域，之后逐渐扩展至经济学、企业运营管理，互联网的发展为数据提供了海量处理、复杂运算的可能性，进而将数据的外沿不断扩大，2010年后"云数据"概念打破了数据的时间、空间限制，大数据时代的大门正在开启。B2C型电子商务本质上是一种零售模式，与线下相比它具有更容易获取消费者数据、商品数据的特点，国内几家大型的电商网站都有着超过千万级别的活跃用户，京东每天的平均交易额超过1亿，订单量超过50万，企业内部有着复杂的运营流程，这些都应该是数据可以发挥重大作用的环节，对数据的充分利用可以在效率、成本节约上发挥重要作用。而事实上，企业对数据的重视程度恰恰与此相反，海量数据被企业用来做加减乘除法，比率、趋势、绝对值是使用最频繁的方式，数据被分得七零八落，抽象性、局限性没有得到突破；造成这种结果的原因很多，可能是企业发展阶段不同，也可能是人力资源不足，无论是哪种原因，浪费了如此重要的资源是企业的一项重大损失，数据领域的创新亟待改观，2011年麦肯锡的报告称，整个零售行业只有21%的企业在使用大数据，21%的企业计划启动；大数据时代的到来，为管理者观念转变和数据利用方法创新提供了新的思路。数据的使用将与企业运营发展更好地结合并具体化，其表现形式包含以下几方面。

一是"主客次序"的转变。即由运营驱动数据变为数据驱动运营，大数据不仅仅指海量的数据，还包含数据的细分，企业内部几乎所有的环节都将以数据的形式加以展现，比如各业务环节的时间节点衍生出的效率优化，亚马逊在这方面已经有了很大发展，每天会有大量的基于运营的报表和数据处理，运营策略、市场推广策略的改变主要是看数据，它自行定义的自动补货模型就是基于时间序列和极值的原理而形成的，有效地解决完全依靠人工的订货、补货模式，提升了库存管理的效率。

二是关联性更加丰富。数据利用最大的弊端就在于关联性把握不足，一旦将数据孤立地考量，最为核心的因素可能会因此遗漏或无法准确、全面地表达，电子商务内部的信息流转都可以转化为数据，以运营为基础的数据关联性将成为数据分析的基础，多维度、多视角地使用数据，通过某一核心维度将数据的范围逐渐扩大，将某一行为产

生的原因与合理性通过十几个甚至更多的数据标准加以展现，使之更加准确和突出重点，比如销售数据就可以以销售额为核心，将产品销售的区域性、周期性、售后的退换货、客诉率、订单的周期性、客户的忠诚度等多种指标综合分析。

三是用户体验导向性。电商最根本的就是做用户体验，尤其是B2C型电商，对消费者行为的研究观点众多，经济学界有很多种理论，比如跨期消费理论、行为理论、随机理论等，但这些基本是宏观层面的，电商手里有着大量的消费者购买行为的数据，微观领域的深入研究将是主要方向，甚至可以具体到某一个用户，包含区域购买力、商品区域化、客户分层、购物周期、购物偏向性、投诉原因等诸多数据指标的结合将为企业实行差异化战略和精准式营销提供重要依据，《蓝海战略》一书中曾经讲到差异化的一种识别方法——战略布局图，电商通过数据分析可以有效地识别与竞争对手差异因素，开创新的蓝海并为消费者提供更适宜的购物体验。

四是"可视化"。数据是一个比较抽象的概念，特别是面对海量数据的时候很容易让人摸不着头脑，传统意义上的数据分析更多的是以简单的图表或者PPT的形式加以展现，不够直观，2010年以后数据信息图兴起，为数据分析和结果输出提供了非常好的视觉效果和理解性，他利用简单的图形组合将单一的图表转化为了更丰富的内涵结果，极大地刺激了人们的感官神经，使枯燥的数据变得生动形象，数据信息图只是数据可视化深入发展的一种表现，大数据时代会衍生出很多类似的方法。

五是模型化与基本分析的平衡。所谓基本分析主要是基于数据做的简单处理，对增长、趋势、占比等指标的汇总分析，不涉及太多的复杂处理方法，通俗易懂；而对海量数据或者需要作出长期预测、相关性影响等数据处理时，基本分析就很难达到目的了，比如对销售作出的时间序列分析需要使用季节性调整等方法，这就需要使用某种合适的数据模型，数据模型是在一系列假设条件的基础上形成的，很多假设条件在现实中是不成立的，所以模型有它自身的局限性，它更多的作用是提供一种趋势性的参考和数据处理方法，电商内部对数据的使用尚处于基本分析阶段，专业化的建模人员显得很不足，加上整体行业处于成长期，数据的规律性和可预测性不明显，模型的使用就会有很大的限制；就时间性而言，基本分析主要是基于历史数据和现实数据，模型可以提供长期的预测数据并评估现实数据的合理性，二者相互补充，不同方法之间相互补充和对比能为业务发展提供更准确的参考依据；随着电商业务模式的稳定和成熟，模型的使用会逐渐增加，尤其是在消费者研究、销售预测、库存管理方面；简单或复杂的方法都是必需的，二者的作用不同，在构建大数据平台时，电商需要更好地平衡二者之间的关系，使之发挥相应的效用。

六是共享化。电商数据现在很难获得，部分公开的数据，如艾瑞、易观国际发布的报告其准确性存疑。数据仅限于内部使用，包括对竞争对手的分析也是建立在并不客观的基础上，这就限制了整个行业对数据的合理利用。因为各家电商是有差异的，业务运营模式也不尽相同，数据可以提供业务模式合理性的依据，可以有效地带来效率和成本的节约，虽然有众多的业界人士提倡共享一部分数据，可一直进展缓慢。大数据概念的确立，提高了企业对数据的重视程度，企业的部分职能也在转变，数据催生的服务功能正在兴起，如一淘网、淘宝网等定期发布的内部价格指数、品类销售报告，就是将内部数据共享化的一个好的开端，很多企业将通过结合自身和行业公开数据对电商某一领域开展专业化的研究，为新进入者或者行业的发展提供深度服务；在互联网时代，数据共享是必然的趋势。

大数据概念的延伸和对电商企业的影响是一个逐渐深入的过程，并

且会在企业管理的实践中不断得到丰富和完善，无论是数据利用的方法还是形成的结果都还存在很多的不确定性，但是有一点，作为一种新的驱动力，大数据的地位是不可替代的，且是必需的，能够利用大数据平台实现指导业务发展的电商企业必然会先发制人，对外、对内占尽先机。

大数据在若干互联网领域的应用发展

互联网作为一个数据平台、一个数据集散地，聚集了大量的数据，完全可以借助新的大数据理论和技术，分析其中蕴含的丰富内容，发现其中存在的统计规律，以便为互联网今后提供更好的服务和应用，为互联网行业今后实现更好更快的持续发展提供定量化的依据。

目前最典型、最主要的互联网服务和应用包括网络新闻、搜索引擎、电子商务、网络广告、旅行预订、社交网络、博客微博、网络视频、网络音乐、网络游戏等，对当中的许多服务和应用，大数据新理论、新技术大有用武之地，将助推互联网服务和应用得到更好发展，也将使大数据的新理论、新技术在互联网行业找到新的切入点、应用点，从而实现大数据与互联网的双赢。

大数据的战略意义不在于其多、其"大"，而在于如何对这些蕴含一定意义和价值的数据进行深入分析和专业化处理，在于如何将巨大的"数"化为决策和预测的"据"！

如果把大数据比作一种"产业"，那么这种产业实现盈利的关键在如何提高对数据的"加工能力"，通过"加工"实现数据的"增值"，放大我们的能力，让我们更好地理解和把握不明的、随机的事物，发现事物的内在本质和发展规律，使之成为具有强大洞察力、决策力、影响力和驱动力的"4V"信息资产，成为经济和社会发展的助推器、倍增器。

当前，人类对自身各类活动以及地球乃至地球之外各类信息的感知、处理和分析以及模拟、认识和预测，已达到了前所未有的高度，虽然离大数据的期望与理想目标还有很大距离，但人类经济社会生活的几乎各个领域确实都已逐渐步入大数据时代，过去无法测量、存储不下、难以分析、不便共享的许许多多东西都得到了数据化，使得人类第一次有机会、有条件在非常众多的领域、非常深入的层面上获得和使用各种数据，深入探索世界的规律，获得过去无法企及的机会、过去无法探知的规律，极大提高人类的生产力、竞争力、创新力和预见力。

已经有很多实例或研究报告证实了大数据的这种能力和潜力。例如，谷歌、亚马逊、百度、淘宝等全球互联网巨头以及一些第三方数据平台型企业，都在探索以大数据为基础的新商业模式；IBM、微软、EMC、惠普等全球IT巨头通过收购大数据相关厂商，实现与大数据的整合；2009年，微软公司提出了以大数据为基础的科学研究第四范式，即数据密集型的科学研究和学术交流，随着大数据时代的到来，科学研究正大踏步迈入新阶段，现代科研越来越离不开大数据，数据已成为科学研究中的一种重要资源，并也因此而衍生出了一系列新学科、新领域，如生物信息学、人类基因组研究等，离开了大数据理论和技术的支撑它们几乎无法开展工作；"谷歌流感趋势"软件工具利用搜索关键词来预测禽流感的散布；统计学家利用大数据成功预测了2012年美国选举结果；Netflix公司利用大数据拍出了《纸牌屋》这一时下最火的美剧；等等，不一而足。

2012年，美国白宫发起"从数据到知识再到行动"活动，美国政府

连续发布了"大数据计划"和"数字政府战略",将大数据提升到了与当年的互联网、超级计算等同等重要的国家战略高度,以提升人们从海量、复杂、动态"大"数据中获取知识的能力,加快美国在科学与工程领域发明的步伐,增强国家安全,促进经济发展,转变现有教学模式和学习方法(如MOOC)。首批共有6个联邦部门宣布投资2亿多美元,共同提高大数据所需核心技术的先进性,并形成合力,扩大在大数据技术开发和应用方面所需人才的培养与供给。这些行动计划和国家战略有望以一种全新的方式让数据迸发出别样的力量!

在2014年德国汉诺威通信和信息技术博览会上,来自全球70多个国家和地区的3400多家厂商聚焦大数据,积极探讨如何快速处理来自不同渠道的大数据,如何安全、有效、可持续地存储和使用大数据,即拥有"数据能力",引起各方高度关注。中国以近700家厂商的参展规模,成为本届展会上除东道主之外的最大参展国。

下面就来看一下大数据在若干互联网领域的应用现状和未来发展。

电子商务

随着互联网的推广普及,近年来电子商务在我国得到蓬勃发展,推动着我国互联网经济的繁荣昌盛,如近年的"双十一"网购节,年年给人们留下深刻印象。电子商务产生的大数据,对政府管理和企业经营提出新的挑战,也带来新的价值。

例如,已成立自己大数据研究中心的阿里巴巴公司,其淘宝网上就有900多万个卖家,每天投送3亿多只包裹等,这些带动产生各种各样的数据,积聚为"大数据",通过对隐含在这些"大数据"中的购物、消费、支付等行为和喜好进行深度挖掘,可以发现大量有价值的信息与规律,为精准广告、精准库存、精准服务、精准管理、市场定位、购物模式分析、营销策略制定、市场行情预测等提供有力支持。政府主管部门对这些大数据进行深度分析,可以进一步加强对该领域的宏观调控和监管治理，规范经营者和消费者的电子商务活动，推动未来中国互联网经济的健康有序发展。

大数据可以给电子商务带来巨大经济效益，但随之而来的一个问题是消费者隐私保护问题，对此必须予以高度重视。不当的消费者数据利用会侵犯消费者隐私，目前我国尚无专门的隐私权保护法律，有必要尽快为此建立相应的法律法规。正在修订的《消费者权益保护法》已经注意到了消费者个人信息保护问题，未来电子商务领域的大数据研究定会逐渐走上正轨，找到个性化服务与隐私保护之间的平衡点。

搜索引擎

搜索引擎天生就是一个大数据系统，互联网产生了海量数据，如何从中找到需要的信息就是一个有关大数据的命题。利用大数据理论和技术，通过对网民搜索内容、习惯、爱好、行为、关键词等的深入分析，可为网站的建设、搜索引擎技术的改进等提供依据。百度、必应、谷歌等主流搜索引擎现都抓取数以千亿计的网页，同时索引数百亿的网页，以提供良好的搜索服务。为了处理如此巨量的数据，大数据处理系统应运而生，利用这些工具，搜索引擎公司可高效地计算网页的各项特征，为索引数十亿计的网页打下基础。

网络广告

利用大数据理论和技术，可深入分析网络广告的效果及其对商品销售的影响、广告"读者"对之的反应等。在传统广告中，广告主不清楚受众是谁、年龄层是什么、看完广告之后有何感受，甚至连电视的收视率都无法精确统计，更谈不上广告的投放效果了。而互联网广告则可体现出更多的智能：广告主可以了解目标客户在哪儿、谁看了广告、广告的效果如何等，这些都有望计算得到，而这背后就是对大数据的充分利用，产业界称之为"计算广告学"。计算广告学，顾名思义是计算驱动广告的学科。从根本上说，计算广告学之所以能够兴起，主要

原因是互联网公司具有大数据处理能力。计算广告有望逐步取代传统广告粗放式的广播模式，减少信息的不平衡，并减少视觉污染，成为未来数字商业的基石。

旅行预订

网上预订旅行产品、旅行行程、车票/机票等，已成为一项非常重要的互联网服务和应用，并因此聚集了大量有关游客/乘客、景区/景点、宾馆/饭店等的数据，利用大数据理论和技术对此作深入、精细分析，可以为更好地布局和推动我国旅游经济和假日经济的发展、更好地为游客提供旅游产品和旅游服务、更好地建设景区和景点等提供定量参考和依据。

大数据是旅游企业在新的互联网时代面临的最大机遇，但目前旅游领域中的大数据应用仍处于起步阶段。携程、艺龙、去哪儿等平台型企业已经意识到了大数据分析的重要性，开始应用大数据来改进自己的产品体系。对于旅游领域的大数据应用，未来的一个重要技术趋势是对用户的点评数据进行分析，通过对不同来源的点评数据进行抓取和分析，可以直观地分析出用户或游客的需求和喜好，为打造个性化的旅游服务和产品提供数据支持，并可及时发现企业存在的问题。

网络游戏

网络游戏为互联网时代的民众带来了新的娱乐形式，利用大数据技术对用户行为进行深入分析，可更好地发现其兴趣、需求，推出更好的网络游戏产品，提高服务质量，增强用户体验，推动网游经济发展。越来越多的网络游戏厂商开始建立实时大数据平台，以收集用户在游戏中的行为数据，通过分析，了解和掌握用户的游戏动机、习惯、偏好等，以便调整游戏设计、细分用户类别，对不同的用户有针对性地进行实时自动营销，更好地满足用户的需求。

随着互联网的不断延伸和普及，近年来大数据迅速发展起来，有越来越多的人开始认识到大数据的作用和价值，大数据时代曙光初现，并悄然地改变着我们的生活，也将对经济、社会、文化、政治等各方面产生深刻影响。所谓"三分技术，七分数据"，未来得数据者得天下，大数据全面发展与应用的时代终将到来！

电子商务如何与大数据结合？

所谓的大数据，是指跨视角、跨媒介、跨行业的海量数据，也可以理解为数据的收集方法。当数据的规模和丰富度达到一定程度，大家才开始提出大数据的概念。

而如今的电商，大数据之路又在何方？

电商数据现状

"如果不到10万单量，在基数这么低的情况下，能分出什么维度来呢？根本不需要大数据。"NOP创始人刘爽认为，只有淘宝、京东、亚马逊这样级别的公司，才有海量数据，才需要大数据。

现在的电子商务企业，日均能达到10万单的少之又少。在有海量数据积累的基础上，还要有一套优秀的BI系统，而且必须是按公司需求定制，才可能实现大数据。

对于现在大多数的电商企业来说，根本没有走到这一步。

刘爽向《天下网商·经理人》举例说，宏观调控在小市场的确有效，一旦市场变大便依赖市场化。由此可见，在企业小的阶段，有经验的拍脑袋效率最高。

的确，不少卖家对自身的数据都没有一个标准化运营、收集、分析

的过程。所以谈大数据，多数只是痴人说梦。

以库存举例，多数淘宝卖家对自己库存的即时数据并不了解，更不可能清楚库存销售的利润。往往出现这种情况——库存都是卖不掉的货，好卖的货早已经断货。如果光看库存，会发现指标挺健康，但所谓的库存基本是坏账，所以根据库存预计销售利润，不是每家企业都做得出来的。这就说明数据管理水平有待提升。

在企业内部，有大量的决算数据需要耐心收集，但一般商家都没有专门的部门做这件事情，所以很难获得高质量的数据给自己提供决策支持。

事实上，卖家之所以对数据茫然，是因为数据压根不全，对数据的管理和获取不够，直接导致无法利用数据。

而大数据之所以被热炒，是因为少数巨无霸企业在其中获得了巨大商业价值。

例如亚马逊，从亏损到盈利，大数据功不可没。不管是巧合还是时机成熟，亚马逊的确在采用了重量级的大数据分析后，业绩才逐渐好转。可以想象，亚马逊很多决策都有着大数据的影子。

亚马逊网上囊括了美国所有生活必需品。因此它充分掌握消费者的原始数据，做出来的判断具有预测性。甚至可以向商家定制在某一价格段有某个特殊性能的商品，只供亚马逊，并能保证热卖。

而这一切都是根据亚马逊所具有的大数据源，进行收集、分析所推测出来的。

辨别大数据与数据

大数据这个概念是否"虚高"呢？

毕竟像亚马逊这样的公司屈指可数，大多数的电商企业还处于起步阶段。这不得不让人重新思考大数据和数据之间的关系。

大数据与数据是两个极易混淆的概念。对两者的区别，每个人的理

解也大相径庭。

刘爽认为，大数据是基于交易、商品与用户的匹配。商品很多，人很多，把它们精准地匹配在一起，是很难的一件事情。

普通的企业内部有业务经营指标——库存、成本、商品，这是一个封闭的结构，是由企业决定的，好的分析或许可以对它施加影响。大数据很难强行调控，只能追踪，想办法匹配。

而艾瑞咨询分析师傅志勇则认为，之前所说的数据，是一种狭隘的定量数据，利于企业内部流程优化，而大数据是在定量数据的基础上，做了一个更大范围的延伸，给企业提供决策支持。

也可以理解为，大数据是对数据本身的价值权重进一步的诠释，即数据在决策中所起到作用的权重在提高。

大数据其实是一个更大范围的数据，就是从最初获得信息一直到最后的销售数据。丽人丽妆CEO黄韬觉得大数据的数据量往往很大，而且一旦精细研究，数据量的增加也会异常惊人，甚至超出运算能力。

暂且不管大数据和数据如何定义，对于目前的电商企业而言，仅仅是希望通过数据分析带来流程的优化。

对此，有关专家认为，在未来的两三年内，电商企业多去关注营销领域，会出来一大批大数据的营销工具。

大数据的价值是润物细无声，每一个消费者和卖家都在享受大数据的成果，但是在使用时，并不觉得是大数据。

其实，最早买百度关键词，百度会提供一个关键词排名筛选系统，搜一个词，系统会自动提示其他相关热销词，并告知哪些词更容易接触同类消费者。这是最早使用大数据的系统，是基于百度每天上亿次搜索的总结。

每一个买百度关键词的公司，其实都在使用数据产品。此外，淘宝直通车、数据魔方都也是大数据的衍生工具。

如果卖家希望在大数据领域分得一杯羹，必须清楚自己只是数据的使用者。要重视大数据的使用，灵活使用大数据工具，这些工具才是目前走在大数据最前沿的技术。

大数据对商家的价值，很大程度上取决于第三方服务商能够提供怎样的数据工具。作为商家，应该从几十家甚至上百家工具提供商中，找到适合自己的大数据工具。

着眼情报数据挖掘

除了大数据工具的运用，情报数据也是电商公司真正应该关注的。

所谓的情报数据处理人员，从日常的工作场景来看，出去奔波收集情报的工作占了多数份额。他们会跟上下游供应链进行跨部门沟通。例如，一个采购人员应该去生产线，去分析每家供应商的生产水平如何，优秀的工厂和二线工厂的生产周期区别，哪里的原材料采购价格最低。一般来讲，这样的一条情报能使用1~3年。

虽然数据性不强，但这些情报价值十分高。郝欣诚说得更为直截了当："讲数据挖掘不如讲情报挖掘，情报挖掘才能够为电商企业提供真正生产力级的支持，如果情报挖掘都没做好，就想把它数字化和量化，有点操之过急。"

举个夸张的例子，当一个品牌商拥有20万家生产厂商无从选择时，为了找一个与需求相匹配的生产企业，才需要建立一个大数据模型，进行筛选，而现在只需情报先行。当规模达到一定程度难以进行决策时，才使用数据挖掘技术。

的确，大数据的应用要渗透到中国的电商企业内部，还有很长的路要走。

而营销领域则不同，市场营销的数据模型已经成熟，而互联网又带给电商企业足够多的信息源 (+微信关注网络世界)，大数据的应用已经可以直接给决策层提供建议，可以理解为"有米下锅"。

以淘宝原创女装品牌橡菲为例,他们会每天花费500~1000元作情报挖掘。他们有专门的情报收集人员,根据数据魔方、量子恒道、CRM系统分析数据,再把这些信息结合辅助最基本的经营决策,考虑下一款新商品款式如何,基于对老会员的分析,是否需要拓展新类目,等等。

比如,当橡菲有50件商品、100万现金时,究竟应该怎么安排生产?情报挖掘人员会提醒决策层,这其中有2件爆款、6件长尾、2件滞销品,甚至可以提出对各款商品的补货、清仓建议。从系统中取得所需数据并不困难,但数据需要进一步拼接,再去思考各个数据之间的因果联系。

通俗来理解,商业领域中的情报,是商业逻辑。

"情报支持的是对商业逻辑的理解,而数据支持的是对商业情报的处理能力。"郝欣诚认为必须先做情报挖掘,再做数据挖掘,如果情报没做好相当于对商业逻辑的理解没达标,指望着数据直接讲清商业逻辑,有些南辕北辙。

数据无法替代商业逻辑

大数据需要在量化数据的基础上,加上商业逻辑,才能帮助电商企业做全局性、系统性的决策。排除一系列不可控因素,把结论和实际情况进行剥离,在一个理想状态下的模型,只是数学专家给出的结论。

大数据的核心是融入商业逻辑。

在商业逻辑里,必须先懂市场,懂某个领域的消费者真正诉求的变化;其次要懂行业,包括行业的特征、要求和规则;最后才是懂企业运营,把多个支持模块资源有序地整合起来,从而共同创造价值。

在这些都具备的情况下,再用量化的数据适度辅佐决策,在商业逻辑的主导下,真正发挥量化数据的作用。

"缺乏这个商业逻辑之本,那量化数据就是天马行空的东西。"艾瑞

咨询分析师傅志勇把商业逻辑看成真正需要解决的难题，因行业不同、企业不同、类目不同、时机不同，商业逻辑都会有所变化，这是一种动态平衡的艺术和哲学。

网站分析在中国创始人宋星认为，数据不能代替商业逻辑，但是数据可以修正、调整商业逻辑。"一个决策的产生，要靠部分数据、部分经验、部分直觉。"

宋星坦言，决策的事并非一句大数据便能解决。这涉及数据分层。根据经验判断，越是偏宏观战略层面的数据，实用性越高，越是偏微观细小的数据，不确定性越高。因为宏观的决策很大，大到细小的影响起不了作用，而微观的决策恰恰相反。

例如，整个行业规模如何，市场增长力如何，本身是多样本的综合数据，每一个样本的影响都只占一部分。而一旦到微观层面，比如广告用的颜色、打折力度大小、满减的额度，某一项的数据会起决定作用。只是如今多数商家更相信测试法，并不相信数据研判。

"宏观层面多看看数据，微观层面多谈谈经验。"傅志勇认为这对电商企业有价值。

回归商业的本质，数据只不过是业务的副产物，业务系统好，一般情况下数据系统不会太差。如果本末倒置，数据系统好但业务系统差，结果会发现数据系统都没法输送原材料。

并不是说数据不重要，但请不要迷信，因为数据的不确定性所带来的风险，是多数企业无法承受的，生意人需要回归商业逻辑。

反向思考，想想怎么做才没漏洞

随着互联网的发展和完善，互联网上出现了海量的数据，从而出现了大数据，还有云端计算。企业要学会运用及管理这些数据，从而找出客户的需求，然后制定企业相应的策略。

面对海量的数据，企业难免有顾及不到的地方，这些盲区如果企业从正面思索，就会想如何做才会做得更好，如果从反面想，就会思考怎么做才没有漏洞。

简单举个例子。

在十一的时候，很多人都会出去旅游，房子自然也就没人住了，当然也不会有灯光，这样的情形，对于正常人来讲，没有任何意义，但是对于小偷来讲，这却是偷东西的好机会。小偷能够成功偷到东西，还有一个重要的原因就是小偷对于风险的把握很准。在小偷确定目标之后，会持续观察目标的变化，如果一间屋子三天都不亮灯，那说明这个屋子里肯定没人，小偷还会收集其他关于目标的信息，目标的信息对于小偷来讲是很敏感的，一点点的细节，小偷都会注意到，而且小偷会在很大程度上降低风险，因为他们会从反面进行思考，会想怎么做才会不失手，这就会提高他们的成功率。

人都是有惰性的，喜欢接受更简单的事物，需要自己思考或者动手的事物越少越好。"坏人"就喜欢把事情想得复杂，会考虑到各种的情况。平时人们评判一件事情，要么是好，要么就是不好。但是"坏

人"就不仅仅会这么评判，他们会想很多。比如说赌钱，赢了当然就是好事，输了自然就是坏事，但是"坏人"就会想，赌钱是不是有什么暗箱操作，如果赌钱被警察知道，会不会犯事，那些钱会不会就当作证物了，会不会还没玩呢，我就输了，这些他都会想到。

"坏人"会想得这么多、这么复杂，就是由于"坏人"做的事情风险太大了。对于一般人来讲，家里丢了一样东西可以再买，都是无所谓的，顶多是心情很坏，但是对于小偷来讲，一次的失败就意味着自己要有牢狱之灾，所以就必须注意常人不注意的细节。如果要成为成功的小偷，要考虑的第一件事绝不是准备偷什么，而是得手之后怎么销赃，小偷必须学会注意细节来规避风险。

其实，人们在面对需要花大代价、承担高风险的事情时，自然而然就会重视起来。或许人们并不知道自己的处境是站在悬崖边，可是人们就是会不由自主地提高自己的注意力，让自己能够扛过更大的风险。在自然界，也会有类似的现象，比如身形很小的动物，预警能力和判断能力都会很出色，与之相比，大型动物就差得多。

可能人们会有这样的疑问，我又不是坏人，反向思考那么多有用吗？

人类在一生当中或遇到很多风风雨雨，这些都是人们判断的依据，如果有一天人类真的变得很弱小，那肯定也会有出色的预警能力。高的风险可以锻炼人的警觉性，让人们的危机意识更强。当人们真正面对高风险的事情时，锻炼出来的警觉性和规避风险的能力就展露无遗了。因此，人们在平时的时候也应该多以反向思维来想问题，这样就会避开很多错误。如果人们能更"坏"地去想，别人的错误就是自己的机会，如果很多人都犯了同一个错误，那这个错误就有可能是个好机会，顺着这个思路也许还能找到一个很不错的产业链。

再来看看现在市场，反向思考的案例也屡见不鲜。

　　360的创始人周鸿祎就是典型的反向思维的人。看看周鸿祎的经历，不论是3721还是360，他都是注意到了别人的漏洞，关注到了客户需求的空白市场，从而把市场多大，把公司做强。

　　当人们有了某个确定的目标，就一定要仔细研究别人也在研究的东西，这样才会让你的洞察力增强。对普通人而言，多数人明白要锻炼自己的正向思维能力，也知道要仔细琢磨别人是怎么成功的。但是也应该注重锻炼自己反向思维的能力，能够看出对手是怎么出错的。这样才会更加全面地思考问题，离成功才会更近。

　　如果对手的信息情况已经摆在桌面上，不去看的人就是傻子，这个和道德没什么关系。偷看数据在数据世界不算什么，而且知道别人是怎么倒下去的，踩到什么坑里了，自己自然就可以长经验，规避这样的错误和陷阱。而且这些数据信息如果依靠传统的手段，是不容易获取到的。那么就得想想办法，在不损害公司声誉、保护公司的数据信息的情况下，怎么能获取到别人的数据信息。

　　总而言之，一个"坏人"看到的情报，一般人都看不到，因为他们往往会"反向思考"。如果我们用反向思维的方式来思考和观察，就能明白许多道理，对于自己也肯定会有帮助。

提高处理数据的能力

　　在看NBA的时候，常常会有很多的数据，比如抢断次数、犯规次数，某个队员在某个区域会很准，那里就是他的得分点，某两个队员在一对一的时候，谁会占便宜，谁会吃亏，某个球队遇到某个球队就

是不赢，某个队员在关键时的得分方式，某个队员对某个队来说就是绝对的核心，等等。

很多人会有疑问：弄这么多数据有意义吗，真的准确吗？就算是现在的数据反映了这样的情况，有一定的规律，那以后也一定会这样吗？篮球赛场也像是战场一样，充满了未知，这样的数据一定有规律可循吗？就好比抢篮板，篮球砸在篮筐上飞出的轨迹是不确定的，怎么能预判到下落的地点呢？也许就是巧合，站的位置正确就能拿到篮板，那么这样看，数据上反映的篮板球数量多一定有价值吗？

这些问题确实存在，但是关于数据有一点是肯定的，那就是数据肯定是有意义的。虽然在比赛中确实存在偶然因素，但是比赛多了，数据多了，偶然就会逐渐变成必然。通俗地讲就是如果只是收集10分钟的数据，那么就没有任何意义，但是如果统计整场比赛，甚至更多的比赛，就可以看出差异了。职业球员和业余球员的数据，一看就可以知道两者的差异，即使两个都是职业球员，这样数据差异也是存在的。

根据一些偶然现象去做大量的调查统计，在大量的数据反馈中查找规律，这就是统计学的立足之本。数据是不会有错误的，但是如果想要证实某个规律，就要有大量的数据作为支撑。

统计学对于社会和管理很重要，就是因为统计学把很多的偶然因素汇总到一起，通过科学的数据测量，得出相应的结论，找出规律。每个个体的行为很多都是不确定的，而且容易受到环境、心情、阅历、性格的影响，根本没有规律可循。但是一群人在一起所展现出的群体行为，还是有特点表现出来的，这些特点就隐藏在这群人的数据中，当然这种数据的量是很庞大的，如果找到这样的特点或者规律，就可以对这群人的行为作出预测。

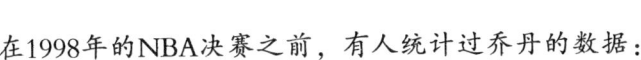

在1998年的NBA决赛之前，有人统计过乔丹的数据：

公牛队80%的进攻源头都是乔丹；

80%以上的投篮是跳投；

在场地右侧的投篮占54%；

一对一单打的进攻有17%；

很擅长的两种进攻节奏就是接球跳投和运球之后的干拔跳投；

在球场上每时每刻都可以投篮；

高效的突破一半以上是由于很好的投篮假动作；

只要没到进攻时间就可以投篮；

三分球命中率还可以；

左右向都可以进行突破。

这样细致的统计分析，把乔丹的各个方面水准描述得非常全面。数据统计的作用还不止于此，还可以让对手的弱点暴露无遗，然后针对弱点下手。乔丹有一门绝活就是后仰跳投，就是在面对对手的防守时，原地起跳，身体向后仰，让自己在更高的位置投篮，来避免对手的封盖，这是乔丹很犀利的武器，而且众所周知，乔丹的跳跃能力很强，制空能力出色，他可以利用这样的优势等对手跳跃下降之后再出手投篮。以前曾有人针对乔丹这个招式做过统计，如果有人从正面原地封盖乔丹，乔丹后仰跳投的命中率是62%，但是如果防守的人是在乔丹的后面扑过来干扰，那么乔丹的命中率就会大幅下降，下降到46%。由于这个数据对乔丹来说无疑是很大的打击，可以为对手提供很大帮助，所以一直都没有公开，直到乔丹退役。

能体现大数据价值的，是数据和数据之间的关系。

Google做了一件非常厉害的事情，就是可以在不知道网页语言的情况下，依然能够明白网页里面说了什么。这就好比一个人，如果你知

道某种语言，那么看懂这种语言是很容易的也是常理，但是如果仅凭着字词的排列顺序和分类，就能看懂内容，这就很厉害了。

而实现这种功能的工具就是知识图谱，它所涵盖的知识是没有边界的。实际上，知识图谱并非数据，只是数据之间的联系。但是会有一个很严重的问题，就是数据的量太庞大了，保存的方式也不一样，只要数据之间的联系做一点点改变，知识图谱就要发生很大改变。

打个比方说，有一个反映网购平台的用户和用户之间联系的知识图谱，这里面所包括的信息量就已经非常大了。可以想象一下，现在的平台里面的用户有多少，关系如何，可以再直白一点说，比如有25个客户在平台上，那么这25个人所构成的关系线的数量就是2525，而且还有问题，怎么来界定客户之间有关系呢？是见过面，还是说一起买了某个东西。如果这样看，虽然人数少，但是问题依然很复杂。

数据和数据之间的联系的点是无穷多的，而且界定关系的标准稍稍改变一点，整个数据库就都要跟着改变。所以，知识图谱的建立和管理都是有难度的。举个很常见的例子，银行帮你办理信用卡，不光要看你自己的支付能力、你的家人的支付能力，还要看你爱人的职业是什么，当这些复杂的关系牵连在一起了，就会形成一个很重要的知识图谱，银行就是依照这个知识图谱来决定是否帮你办理信用卡。

原来大数据的价值就是人无我有，而在未来，数据本身将变得无足轻重，最关键的就是数据和数据之间的联系。

在处理数据的时候，一定不要总是追求实时化，要分清实时性和实时化，有的数据是非常重要，但现在不需要，就可以晚些时候再处理，先处理需要处理的数据，让这些数据在合适的时间派上用场。

上面所说的很多都是有关数据的收集和管理的，在数据处理上LinkedIn的做法就很有意思，而且可以借鉴一下。LinkedIn进行数据处

理的时候，会先把公司的所有数据分层，一层是着急要处理的，另一层是重要但不着急要的。据此就分出了着急要的即时数据、不着急要的即时数据和不着急要的非即时数据。

企业对数据分出层次是很有必要的，因为数据的处理还应该根据时机来定，就像好多企业的财务报表都是第二天才能处理出来一样，因为财务的数据和其他数据的相关度很大，其他数据如果没有处理，那么处理财务数据也没什么意义。

但是如果是银行的话，财务的数据就必须实时处理。数据的处理可以让企业更直观地看待数据，也加强了数据的有效性，不过有一点是需要注意的，就是能够及时处理数据的话，那么以前没法处理的很多问题就可以处理了。就像上面所说过的那个场景，编程人员就可以在编程的时候写上"要是那个几天前看过网页，但是没有行动的客户重新登录了，要不要补偿一个红包给他"。这样的话都是编辑好的，用户的登录就是一个时间标志，告诉的计算可以使各个网站都拥有第一手的数据。

再换一个方面来思索，现在的手机，电视还有其他的信息设备人们都在使用，在这样的情况下，一个网站需要有什么样的能力，才可以在高速变化的情况下掌握到客户最及时的需求，以此来抓住消费者，销售产品，这样的能力在以后的商战中将会是越来越重要的武器。

一个网站一定要提高自己处理数据的能力，尽量做到实时处理，在最短的时间里掌握消费者的需求动态，进而推测消费者下一步的行动，然后有针对性的采取手段，当然实时处理数据还得把握好时机，有的数据重要，但是不着急，就不要优先处理。

B2B电商平台与大数据

大数据、云计算、O2O曾被我个人评价为目前最有前景但又最易被玩概念的三个新兴领域。从电子商务发展周期来说，数据为王的时代已初露端倪，这种时代不是单指几个有实力的互联网巨头去做SaaS或分布式服务器，而是越来越多的行业客户认识到碎片化数据的潜在价值。

当年以IBM为代表的跨国巨头把云计算基础服务概念带入时，国内电子商务企业尤其是B2B类平台还在挤兑信息撮合机制的红利，而现在无论政府还是企业、市场都在高喊大数据，但真正理解其本质、懂得大数据产品设计精髓的实务性应用并不多。

数据为王，服务为本，云计算、O2O、物联网、金融支付、资信认证等各服务环节其实都是大数据的采集架构组成的，近期各电商大佬的众多动作也能看出其构建数据闭环的真正用意。

大数据，其本质核心并非是数据量"大"才称为大数据。下面从产品技术角度略微提一些关于大数据的概念，让大家了解一下其技术发展过程。

打个比方，如果把众多的信息碎片比喻为撒哈拉大沙漠，每一粒沙子所携带的数据内容可能仅是一个数字、名称、点击、时间、性别等单一内容，看似平淡无奇，但通过正确的分析算法可以将所需的沙子自由组合，变成比黄金还要宝贵的数据资源，所以大数据的核心是数据处理分析能力，其数据容量、分析加工、数据真实性、数据特性是大数据的关键要素，即经常被提及的4V：Volume（数据量）、Velocity（分析速度）、Variety（特性）、Veracity（真实性）。

　　以往众多电商平台及网站的数据库架构是基于关系模型建立的关系型数据库，如MySQL、Oracle、Microsoft Access等，但关系型数据库就远不能满足大数据的处理需求了。Apache（阿帕奇）基金会开发了一款名为Hadoop的分布式基础架构，Google以此为基础提出了Map-reduce系统可进行大规模的数据并行计算，至此奠定了以Hadoop为主流的分布式计算系统在全球的快速应用，专注于批处理。

　　但值得一提的是，像SNS社交这样高数据动态的平台，对数据处理速度有着更高要求，为此NathanMarz推出了Storm系统，在Twitter内部被称为BackType，并被广泛应用。产品技术概念点到即止，只是想说明大数据在技术层面配合着不断开发出的应用插件，已基本满足不同需求的数据分布式处理。互联网平台尤其是B2B电商平台的大数据应用，关键还是在于自身产品的定位及未来发展的走向。给你一把利刃，你只是舞刀弄枪没半点招式，最终成不了武林大侠，所以做大数据，思维与方法是核心。

　　明确大数据的核心概念后，如何布局大数据，尤其是B2B电商平台的数据获取、数据分析、数据应用的开展就是实际操作问题了。

　　B2B电商平台目前发展经历了三代：第一代以信息撮合机制为主，通过互联网特性有效地汇聚买卖双方信息；第二代以在线交易为主，信息展现模式、在线交易工具、配套服务产品的发展使得各平台都在想方设法解决在线交易问题；第三代即资源集聚为主，资源集聚突出两个核心要素：数据穿针引线，服务本质所需。

　　大数据给予平台服务提供了信息支持，而服务落地也有利于有效数据不断被采集，形成数据循环，即"雪球效应"。可以说大数据不是电商平台的某一个产品组成或业务领域，大数据是整个电商未来发展的基础资源与优势体现，目前很多企业都在尝试大数据的开发与应用，笔者针对B2B综合电子商务平台也提出自己的实施方案，甩出个大干货

供各位讨论，我称之为"生命树"体系。

从数据采集来源上讲，传统互联网思维模式是极力将用户搬到线上，通过线上行为获取用户的相关信息及操作轨迹。

过去因为技术、方法、行业特性所限，互联网通过线上所吸纳的海量数据的确给电商企业带来了短期的处理空间，而直接从线下模式获取数据来源的成本及模式尚不成熟。但要知道，市场最大的数据源永远都是在线下，电子商务的本质是通过电子化手段来服务传统商务流程，帮助其降低成本、提升效率。所以如能直接建立起线下数据的采集接口渠道，而不再仅仅依靠纯线上数据作为来源是一个关键环节。同时，线上线下数据采集汇聚到数据中心，产生的分析型数据将会反哺线上，带来更精准的使用价值。互联网电商平台的产品展现仍旧是电子化特性，但数据来源的落地化将是巨大促进。

京东的"亚洲一号"、阿里的菜鸟、慧聪的电器城、中国网库的电商谷等已在实施的落地战略，其背后所隐藏的目的之一也在于此。

举例说明，比如某B类企业习惯在电商平台上寻找合适的采购资源，电商平台的确满足企业的信息获取需求，但由于合同、发票、信用等环节的制约，一般很少有企业会直接通过平台在线付款，尤其是大额款项，那么这一笔交易的发生是否仅利用线上平台很难判别。企业实际交易发生时所牵扯到的银行或第三方支付、物流配送等环节是实实在在获取到这些信息的，假如我与顺丰战略合作，建立数据库接口，那么某企业在顺丰发生的某笔物流交易的货物属性、目的地、数量等数据标签，与线上该企业的页面浏览、点击轨迹等分析匹配，即可得到这笔交易的真实数据，不用平台的在线支付，我也知道企业实际发生的真实交易数据甚至更多内容，这就是线上与线下数据结合的魅力所在。

当然除了物流，在金融、支付、认证、软件等方面获取的信息将充实该企业的数据模型，得到更加精准的数据，也有助于通过实际发生的线下交易趋势来调整线上产品，达到无缝对接。

上述所举例子是B2B类的特性，供应链上的电子商务大数据应用也会变得更加神奇：

比如大家一直在讲的B2B2C打通，某企业使用电子商务平台进行分销或C类销售，由于该平台大数据体系建立比较完善，在C端用户需求及互联网资源聚集方面比较全面，当企业打算近期售卖一款产品时，使用该平台的大数据应用产品输入相关产品属性、价格、使用价值等标签，即可获知该定价最终能够销售出的货品数量及总收益参考，不同定价的销售数量与收益也会被系统显示出不同结果，甚至系统还可以分析出具体区域未来将售卖出的商品数量，企业可提前安排物流资源配送至区域库存中心，做到"未售先送"。

这个例子其实一点都不神奇，"菜鸟"网络要实现的就是这种应用场景，正是因为阿里云计算成立近4年来建立的数据模型及运算能力，使得以数据为推动的产品应用即将迎来爆发期。

所以说B2B类的大数据化第一步就是数据采集渠道的创新，慧聪网的线下基地和展会形式，为什么会设置免展位费而以实际成交额收取佣金，本质也是希望能监测到线下发生的相关数据。京东的"亚洲一号"就比较犀利，直接插入物流领域，而最关注的"菜鸟网络"先不谈其各方资源整合的难点，以马云的个人影响应该不成问题，其本质也是阿里在补强线下数据的采集渠道。

过去都把O2O局限在生活服务领域的电子商务化，B2B电子商务的Online to Offline也已经开展，某种意义上说，线上是电子化服务的输出，而线下将是资源集聚的主要来源，同时线下数据资源经过处理回到线上，也不失电子商务企业的经营本质。

第七章

大风口——跨境电商深度解读

跨境电子商务的特征和意义

跨境电子商务是基于网络发展起来的，网络空间相对于物理空间来说是一个新空间，是一个由网址和密码组成的虚拟但客观存在的世界。网络空间独特的价值标准和行为模式深刻地影响着跨境电子商务，使其不同于传统的交易方式而呈现出自己的特点。

跨境电子商务作为推动经济一体化、贸易全球化的技术基础，具有非常重要的战略意义。跨境电子商务不仅冲破了国家间的障碍，使国际贸易走向无国界贸易，同时它也正在引起世界经济贸易的巨大变革。对企业来说，跨境电子商务构建的开放、多维、立体的多边经贸合作模式，极大地拓宽了进入国际市场的路径，大大促进了多边资源的优化配置与企业间的互利共赢；对于消费者来说，跨境电子商务使他们非常容易地获取其他国家的信息并买到物美价廉的商品。

跨国电子商务具有如下特征 (基于网络空间的分析)：

一、全球性

网络是一个没有边界的媒介体，具有全球性和非中心化的特征。依附于网络发生的跨境电子商务也因此具有了全球性和非中心化的特性。电子商务与传统的交易方式相比，其一个重要特点在于电子商务是一种无边界交易，丧失了传统交易所具有的地理因素。互联网用户不需要考虑跨越国界就可以把产品尤其是高附加值产品和服务提交到市场。网络的全球性特征带来的积极影响是信息的最大程度的共享，消极影响是用户必须面临因文化、政治和法律的不同而产生的风险。任何人只要具备了一定的技术手段，在任何时候、任何地方都可以让信息进入网络，相互联系进行交易。美国财政部在其财政报告中指出，对基于全球化的网络建立起来的电子商务活动进行课税是困难重重的，因为：电子商务是基于虚拟的电脑空间展开的，丧失了传统交易方式下的地理因素；电子商务中的制造商容易隐匿其住所，而消费者对制造商的住所是漠不关心的。比如，一家很小的爱尔兰在线公司，通过一个可供世界各地的消费者点击观看的网页，就可以通过互联网销售其产品和服务，只要消费者接入了互联网。很难界定这一交易究竟是在哪个国家内发生的。

这种远程交易的发展，给税收当局制造了许多困难。税收权力只能严格地在一国范围内实施，网络的这种特性为税务机关对超越一国的在线交易行使税收管辖权带来了困难。而且互联网有时扮演了代理中介的角色。在传统交易模式下往往需要一个有形的销售网点的存在，例如，通过书店将书卖给读者，而在线书店可以代替书店这个销售网点直接完成整个交易。而问题是，税务当局往往要依靠这些销售网点获取税收所需要的基本信息，代扣代缴所得税等。没有这些销售网点的存在，税收权力的行使就会很困难。

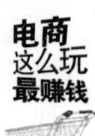

二、无形性

发展使数字化产品和服务的传输盛行。而数字化传输是通过不同类型的媒介，例如数据、声音和图像在全球化网络环境中集中而进行的，这些媒介在网络中是以计算机数据代码的形式出现的，因而是无形的。以一个eMail信息的传输为例，这一信息首先要被服务器分解为数以百万计的数据包，然后按照TCP/IP协议通过不同的网络路径传输到一个目的地服务器并重新组织转发给接收人，整个过程都是在网络中瞬间完成的。电子商务是数字化传输活动的一种特殊形式，其无形性的特性使得税务机关很难控制和检查销售商的交易活动，税务机关面对的交易记录都体现为数据代码的形式，使得税务核查员无法准确地计算销售所得和利润所得，从而给税收带来困难。

数字化产品和服务基于数字传输活动的特性也必然具有无形性，传统交易以实物交易为主，而在电子商务中，无形产品却可以替代实物成为交易的对象。以书籍为例，传统的纸质书籍，其排版、印刷、销售和购买被看作产品的生产、销售。然而在电子商务交易中，消费者只要购买网上的数据权便可以使用书中的知识和信息。而如何界定该交易的性质、如何监督、如何征税等一系列的问题却给税务和法律部门带来了新的课题。

三、匿名性

由于跨境电子商务的非中心化和全球性的特性，因此很难识别电子商务用户的身份和其所处的地理位置。在线交易的消费者往往不显示自己的真实身份和自己的地理位置，重要的是这丝毫不影响交易的进行，网络的匿名性也允许消费者这样做。在虚拟社会里，隐匿身份的便利迅即导致自由与责任的不对称。人们在这里可以享受最大的自由，却只承担最小的责任，甚至干脆逃避责任。这显然给税务机关制造了麻烦，税务机关无法查明应当纳税的在线交易人的身份和地理位置，也就无法获知纳税人的交易情况和应纳税额，更不要说去审计核实。该部分交易和纳税人在税务机关的视野中隐身了，这对税务机关是致命的。以易趣为例，易趣是美国的一家网上拍卖公司，允许个人和商家拍卖任何物品，到目前为止易趣已经拥有1.5亿用户，每天拍卖数以万计的物品，总计营业额超过800亿美元。

电子商务交易的匿名性导致了逃避税现象的恶化，网络的发展降低了避税成本，使电子商务避税更轻松易行。电子商务交易的匿名性使得应纳税人利用避税地联机金融机构规避税收监管成为可能。电子货币的广泛使用，以及国际互联网所提供的某些避税地联机银行对客户的"完全税收保护"，使纳税人可将其源于世界各国的投资所得直接汇入避税地联机银行，规避了应纳所得税。美国国内收入服务处 (IRS) 在其规模最大的一次审计调查中发现大量的居民纳税人通过离岸避税地的金融机构隐藏了大量的应税收入。而美国政府估计大约3万亿美元的资金因受避税地联机银行的"完全税收保护"而被藏匿在避税地。

四、即时性

对于网络而言，传输的速度和地理距离无关。传统交易模式，信息交流方式如信函、电报、传真等，在信息的发送与接收间，存在着长短不同的时间差。而电子商务中的信息交流，无论实际时空距离远近，一方发送信息与另一方接收信息几乎是同时的，就如同生活中面对面交谈。某些数字化产品 (如音像制品、软件等) 的交易，还可以即时清结，订货、付款、交货都可以在瞬间完成。

电子商务交易的即时性提高了人们交往和交易的效率，免去了传统交易中的中介环节，但也隐藏了法律危机。在税收领域表现为：电子商务交易的即时性往往会导致交易活动的随意性，电子商务主体的交易活动可能随时开始、随时终止、随时变动，这就使得税务机关难以掌握交易双方的具体交易情况，不仅使得税收的源泉扣缴的控管手段

失灵，而且客观上促成了纳税人不遵从税法的随意性，加之税收领域现代化征管技术的严重滞后，都使依法治税变得苍白无力。

五、无纸化

电子商务主要采取无纸化操作的方式，这是以电子商务形式进行交易的主要特征。在电子商务中，电子计算机通信记录取代了一系列的纸面交易文件。用户发送或接收电子信息。由于电子信息以比特的形式存在和传送，整个信息发送和接收过程实现了无纸化。无纸化带来的积极影响是使信息传递摆脱了纸张的限制，但由于传统法律的许多规范是以规范"有纸交易"为出发点的，因此，无纸化带来了一定程度上法律的混乱。

电子商务以数字合同、数字时间截取了传统贸易中的书面合同、结算票据，削弱了税务当局获取跨国纳税人经营状况和财务信息的能力，且电子商务所采用的其他保密措施也将增加税务机关掌握纳税人财务信息的难度。在某些交易无据可查的情形下，跨国纳税人的申报额将会大大降低，应纳税所得额和所征税款都将少于实际所达到的数量，从而引起征税国国际税收流失。例如，世界各国普遍开征的传统税种之一的印花税，其课税对象是交易各方提供的书面凭证，课税环节为各种法律合同、凭证的书立或做成，而在网络交易无纸化的情况下，物质形态的合同、凭证形式已不复存在，因而印花税的合同、凭证贴花（即完成印花税的缴纳行为）便无从下手。

六、快速演进

互联网是一个新生事物，现阶段它尚处在幼年时期，网络设施和相应的软件协议的未来发展具有很大的不确定性。但税法制定者必须考虑的问题是，网络像其他的新生儿一样，必将以前所未有的速度和无法预知的方式不断演进。基于互联网的电子商务活动也处在瞬息万变的过程中，短短的几十年中电子交易经历了从EDI到电子商务零售业的兴起的过程，而数字化产品和服务更是花样出新，不断地改变着人类的生活。

而一般情况下，各国为维护社会的稳定，都会注意保持法律的持续性与稳定性，税收法律也不例外。这就会引起网络的超速发展与税收法律规范相对滞后的矛盾。如何将分秒都处在发展与变化中的网络交易纳入税法的规范，是税收领域的一个难题。网络的发展不断给税务机关带来新的挑战，税务政策的制定者和税法立法机关应当密切注意网络的发展，在制定税务政策和税法规范时充分考虑这一因素。

跨国电子商务具有不同于传统贸易方式的诸多特点，而传统的税法制度却是在传统的贸易方式下产生的，必然会在电子商务贸易中漏洞百出。网络深刻地影响着人类社会，也给税收法律规范带来了前所未有的冲击与挑战。

改写国内电商格局的机会

2014年被很多业内人士称为跨境进口电商元年。这一年里，传统零售商、海内外电商巨头、创业公司、物流服务商、供应链分销商纷纷入局，跑马圈地。而接下来，跨境进口电商的态势如何，未来又将如何演变，从宏观环境、现存模式、产业链优劣势和投资趋势等几方面分析，有如下几个观察。

一、宏观环境解读

1.政策红利窗口期

2014年到2015年，政策层面一直在释放跨境贸易利好。2014年7月，海关总署的《关于跨境贸易电子商务进出境货物、物品有关监管事宜

的公告》和《关于增列海关监管方式代码的公告》，即业内熟知的56号文和57号文接连出台，从政策层面上承认了跨境电子商务，也同时认可了业内通行的保税模式，此举被外界认为明确了对跨境电商的监管框架；此前"6+1"个跨境电商试点城市开放给予了跨境电商税收上的优惠政策，即通过跨境电商渠道购买的海外商品只需要缴纳行邮税，免去了一般进口贸易的"关税+增值税+消费税"；2015年4月28日国务院常务会议中关于降低进口产品关税试点、税制改革和恢复增设口岸免税店的相关政策，表明了政府促进消费回流国内的决心。这些都是明显的政策红利信号。即便跨境电商的税收红利窗口在未来会逐渐关闭，一般贸易税率可能平缓走低，但目前来看大势向好势不可挡。

2.用户需求潜力巨大

（1）用户规模交易量迅速增长：根据海关总署和中国电商研究中心统计的数据，2014年海淘人群1800万，成交规模1400亿元，从百亿级市场步入千亿。预计在2018年，市场规模将达万亿级别。

（2）消费需求和消费观念升级：中国中产阶级电商用户目前在5亿人左右，消费升级需求旺盛，80后、90后人群购买商品的关注点倾向于食品安全、品质优良、品类多样、价格合理等方面。

（3）海外商品认知提升：旅游、海归群体的消费习惯辐射带动周围亲友海淘，对海外品牌认知度不断提高。

3.行业有待完善

（1）政策探索：税收不会长期高度倾斜跨境保税，因为需要考虑与传统一般贸易利益平衡问题，而各试点政府也都在摸着石头过河，一边试点一边探索。对检疫标准、保税类目的控制，各部门政府在政策落实过程中还在探索调整。物流及选品布局复杂，政策环境涉及商检、税务、外汇、海关，各环节变动皆有影响。

（2）物流清关报税体系不成熟，售后体验难保证：传统跨境物流，转运物流价格高、时效慢。报税清关需国家政策支持不断通畅流程，整进散出模式让海关原本人员配置压力山大，无法满足激速增长清关需求，导致物流时效体验差。因此，目前海淘商品的售后服务和退换货大部分情况下无法得到保障，但好在现阶段海淘用户耐心和忍耐力都很好。新入玩家如笨鸟海淘，选择了这个环节作为切入点，主打针对海淘购物的用户体验，提供高质量的第三方转运服务。顺丰亦处于同步成长期，长期看好。

（3）供应链不稳定：爆品仍占跨境海淘很大比例，但海外爆品品牌商供货渠道不稳定，与国内平台直接签约合作可能性小，平台为保证爆品供货通常采用复合渠道，价格难以控制，毛利趋近于零。但即便如此，部分电商平台仍旧时常断货无货。而且，其中的供应链长，环节复杂，各地区文化和商业环境有差异，打通各环节难度大。

（4）资本驱动，各路玩家既竞争又共生

从2014年10月起，各路玩家纷纷入局进口电商，部分大佬如京东、网易等，都将海购板块提升至重要战略地位；创业公司纷纷加紧融资步伐屯粮备战，跑在一线的几家如蜜芽、洋码头，后起之秀如小红书都已相继走到C轮千万美元级别融资阶段；海外电商如亚马逊逐步试水国内市场，上线海外购板块，利用国际化优势试图也来分一杯羹；物流供应链服务商纷纷发挥自身行业优势，不断畅通流程，优化供应链，为行业发展保驾护航，做好坚实后盾。在资本支持下，各路玩家棋逢对手，大佬小弟面对新兴市场都要从头摸索，既竞争又共生——一同培育推动市场向万亿级别进军。

二、跨境电商模式详解

下面来剖析各类跨境进口电商模式的优势和痛点：

1.M2C模式：平台招商

这一类的典型玩家如天猫国际，开放平台入驻国际品牌。

（1）优势是用户信任度高，商家需有海外零售资质和授权，商品海外直邮，并且提供本地退换货服务。

（2）痛点在于大多为TP代运营，价位高，品牌端管控力弱，正在不断改进完善模式中。

2.B2C模式：保税自营+直采

这一类的典型玩家如京东、聚美、蜜芽。

（1）优势在于平台直接参与货源组织、物流仓储买卖流程，销售流转高，时效性好，通常B2C玩家还会附以"直邮+闪购特卖"等模式补充SKU丰富度和缓解供应链压力。

（2）痛点在于品类受限，目前此模式还是以爆品标品为主，有些地区商检海关是独立的，能进入的商品根据各地政策不同都有限制（比如广州不能走保健品和化妆品）；同时还有资金压力：不论是搞定上游供应链，还是要提高物流清关时效，在保税区自建仓储，又或者做营销打价格战补贴用户提高转化复购，都需要钱；爆品标品毛利空间现状极低，却仍要保持稳健发展，资本注入此刻尤显意义重大。在现阶段，有钱有流量有资源有谈判能力的大佬纷纷介入，此模式基本已经构建了门槛，不适合创业企业轻易入场了。

（3）母婴垂直品类。这里单独谈一谈大火的母婴垂直品类，前线玩家有蜜芽等。母婴品类的优势是，它是最容易赢得跨境增量市场的切口，刚需、高频、大流量，是大多家庭单位接触海淘商品的起点。母婴电商大多希望能在单品上缩短供应链，打造品牌，获得信任流量，未来逐步拓展至其他高毛利或现货品类，淡化进口商品概念。痛点在于，母婴品类有其特殊性，国内用户目前只认几款爆款品牌，且妈妈们还都懂看产地，非原产地不买。几款爆品的品牌商如花王等，国内无法与其直接签约供货。母婴电商们现状都是在用复合供应链保证货源供应，如国外经销商批发商，国外商超电商扫货、买手、国内进口商等组合复合供应链。这样一来，上游供应链不稳定，价格基本透明，且无毛利，部分玩家甚至"自断双臂"大促战斗。目前基本所有实力派电商大佬都以母婴品类作为吸引转化流量的必备品类，而创业公司们则逐渐降低母婴比例或另辟蹊径，开始不同方向的差异化竞争。

3.C2C模式：海外买手制

典型玩家如淘宝全球购、淘世界、洋码头扫货神器、海蜜、街蜜、海外买手（个人代购）入驻平台开店，从品类来讲以长尾非标品为主。全球购目前已经和一淘合并，虽然看来是跨境进口C2C中最大的一家，但全球购也有很多固有问题，比如商品真假难辨，区分原有商家和海外买手会造成很多矛盾，等等，在获取消费者信任方面还有很长的路要走。

（1）优势：C2C形态是目前笔者比较喜欢和看好的模式，构建的是供应链和选品的宽度，电商发展至今，不论进口出口线上线下，其本质还是商业零售和消费者认知。从工业经济到信息经济，商业零售的几点变化是：消费者主导化、生产商多元化、中间商信息化；而商品核心竞争力变成了个性需求和情感满足。

首先，在移动互联网时代，人群的垂直细分，让同类人群在商品的选择和消费能力上有很大的相似度，人与人之间相互的影响力和连接都被放大了，流量不断碎片化是因为80后、90后这一代人的价值观和生活消费方式决定的，千人千面个性化是这一代人的基本消费需求逻辑，因此移动电商应场景化。其次，面对商品丰富度如此之高的现状，提高资源分配效率，如何更快地选到我们想要的商品，节约选择成本也尤为重要——don't make me think（不要让我想）。C2C达人经济模式可以在精神社交层面促进用户沉淀，满足正在向细致化、多样化、个性化发展的需求，这一代人更注重精神消费，作为一个平台，每一个买手都是一个KOL，有自己的特质和偏好，优秀买手可以通过自己的强

时尚感强影响力打造一些品牌，获得价值观层面的认同和分享，同时也建立个人信任机制。对比起来，B2C的思路强调是标准化的商品和服务，从综合到垂直品类，在PC时代汇聚大规模流量；而移动电商，与传统PC端电商不同，有消费场景化，社交属性强的特征，对于丰富的海淘非标商品，C2C的平台效应可以满足碎片化的用户个性需求，形成规模。

（2）当然C2C的模式还是有它固有的痛点，传统的靠广告和返点盈利的模式，服务体验的掌控度差，个人代购存在法律政策风险，买手制平台的转化目前普遍不到2%，早期如何获得流量，提高转化，形成海淘时尚品牌效应，平衡用户与买手的规模增长都是难点。

4.BBC保税区模式

跨境供应链服务商，通过保税进行邮出模式，与跨境电商平台合作为其供货，平台提供用户订单后由这些服务商直接发货给用户。这些服务商很多还会提供一些供应链融资的服务。优势在于便捷且无库存压力，痛点在于BBC借跨境电商名义行一般贸易之实，长远价值堪忧。

5.海外电商直邮

典型玩家是亚马逊。优势在于，有全球优质供应链物流体系和丰富的SKU；痛点是，跨境电商最终还是要比拼境内转化销售能力，对本土用户消费需求的把握就尤为重要，亚马逊是否真的能做好本土下沉还有待考量。

6.返利导购/代运营模式

一种是技术型，目前形态典型的玩家有么么嗖、Hai360、海猫季。这些是技术导向型平台，通过自行开发系统自动抓取海外主要电商网站的SKU、全自动翻译、语义解析等技术处理，提供海量中文SKU帮助用户下单，这也是最早做跨境电商平台的模式。还有一种是中文官网代运营，直接与海外电商签约合作，代运营其中文官网。这两种方式有着早期优势，易切入，成本低，解决信息流处理问题，SKU丰富，方便搜索，而痛点在于中长期缺乏核心竞争力，库存价格实时更新等技术要求高，蜜淘等一些早期以此为起点的公司已纷纷转型。

7.内容分享/社区资讯

典型玩家如小红书，内容引导消费，自然转化。优势在于天然海外品牌培育基地，流量带到福利社转化为交易，但长远还是需要有强大供应链能力。

三、跨境电商"玩家群像"

1.品牌商：合作，探索，观望，平衡

对于海外一线（爆品）品牌商而言，除了要维护自己原有线上线下零售体系稳定和品牌形象，部分品牌商也在自主积极探索以何种方式在中国这个大增量市场中分得一杯羹。一些特殊品牌如花王，不愿意电商渠道破坏其品牌信誉和供应链（比如花王曾警告过某平台，毁坏花王10余年经营出的高端品牌形象与口碑）；而对于二、三线中小品牌商、电商、大型商超，它们的合作动机更强，更积极主动地希望把自己的品牌带入中国市场，再加上在中国并没有原有合资公司和零售体系影响，合作方式可以更加直接灵活。

2.物流供应链服务商：趁"市"而上，服务前端

这一类玩家很多拥有多年的跨境贸易、物流、分销、供应链服务的经验，趁着行业整体向好的趋势，大家既有危机感又积极拥抱红利，为提高行业整体服务体验努力往前跑。部分大佬如顺丰、韵达也开始利用物流优势积极探索前端市场。阿里于5月5日正式宣布旗下1688.com将正式上线全球货源平台。

3.国内电商巨头：维系原有江湖地位，争取更大市场

2014年开始，电商巨头们纷纷以不同形式涉水跨境，一边坐拥大流量，一面不敢懈怠积极发展跨境业务维护自身地位稳定。天猫国际、

京东海外购、蘑菇街、聚美急速免税店、唯品会、1号店、网易考拉等，基本你想得到的大佬们都已经开始发挥固有优势积极部署。流量、资金、供应链、海外BD能力是跨境电商早期发展的必备要素，但大佬们自身也面对困境重重，一方面原有团队对海外产业链认知度整合力并不高，负责跨境业务线的团队并不见得有创业公司强，即便有流量，转化也不理想。而供应链问题是所有跨境电商的共有困境。从2014年各位大佬的交易数据来看，各家都并不满意，再加上和原有业务冲突频发，各方利益平衡也需要不断磨合探索，跨境方向的精力和团队投入也受制于很多因素，行业人才也需要在行业成熟发展过程中逐步培育，在这一点上大家的起步差别并不大，其实也为创业公司的成长留下了机会。几年过后，巨头们或许还是领跑者，但市场足够大，相信优秀的创业公司还是有机会占据自己的一席之地。

4.创业公司：在混战中求生

巨头们的加入进一步推进了价格战的提早到来，很多初创企业模式还在摸索，海外正在拓展，供应链正在构建，资金还没到位，就像一群还没有穿好装备的士兵被硬着头皮拽上了战场，死伤惨烈估计是避免不了。能活下来的要不就是选择了比较聪明的方向，要不就是已经穿好了装备，而后来居上的可能性也不是没有。

5.传统零售商：转型已成必然

面对持续上涨的电商规模，传统零售业绩却一路下滑。《2014年度中国电子商务市场数据监测报告》显示，2014年中国电子商务市场交易规模达13.4万亿元，同比增长31.4%。其中，网络零售市场交易规模达2.82万亿元，同比增长49.7%。但根据东方财富数据，截至2014年4月9日，A股零售板块已经公布业绩的29家上市公司中，16家营业收入出现下滑，占比达55%，净利润也大降。传统零售商，也看到跨境这个大市场，正在转型O2O，积累线上数据。虽然在技术、流量和人才方面都

不占优势，但其加入还是加剧了跨境领域的竞争态势。

6.中小微商：毛利低，傍大腿

中小微商包括买手、朋友圈代购和一些中小贸易商家。随着各路实力大平台的加入，大部分主做日韩标品的商家，尤其是韩国中小微商的生存毛利空间会越来越薄，纷纷依靠各类平台的策略红利入驻合作，共同教育用户培育市场。

7.消费者：认知提升，带动市场壮大

根据艾瑞咨询发布的《中国跨境网络购物研究报告》，2014年中国网购用户中，跨境网购比例仅为15.3%，还有很大空间可以开拓。从消费者层面来看，海淘人群构成一部分是80后、90后的妈妈大军，以母婴领域作为起点培养了自己海购的消费习惯，另一部分是海归和有海外旅行购物经验的人，除了有自用需求外还辐射到周边的亲友逐步接受国外质优价廉的商品品牌。现在提到海淘，消费者并不能马上想到一个合适的购买平台，需求层面要保真、丰富、价廉、物流快，就看各路玩家谁可以最快满足这些需求，形成品牌效应，首先占据消费者的意识。

跨境进口电商也许是国内电商最后一次混战中，改写国内电商格局的机会和新增长点，期待在战役中"剩"出的那一两家创业企业。行业洗牌将以实力玩家的加入和价格战作为开端，体量规模小的电商会转型差异化竞争，有核心竞争力的创业公司将活下来在这个足够大的增量市场中站住脚。

各类玩家的激烈角逐，会促进跨境供应链控规模化，帮助中国的中产阶级完成消费升级，推动整个零售行业的整体价值升级和成本结构优化。大家的终极目标和故事确大都比较一致，都是希望可以成为中国5亿中产阶级跨境消费的平台——世界商城。在这场战役中，大佬也好，小兵也罢，都将在上游供应链整合能力、管控力、战略战术、运营

能力和人才上受到考验，最终"剩者"为王。

四、谁会是赢家？

目前还没有出现一家消费者普遍认同的跨境进口电商，在这个新兴的风口，大佬和小弟的起跑线没有差太远，早期的发展会依靠政策红利、价格优势、品类丰富度，但最终还是会回归到零售层面的竞争——品牌、供应链和服务体验，需要有能力不断提高复购率。现阶段B2C模式已经不再适合一般创业公司轻易涉足，C2C或其他模式还存在早期投资机会。

如果创业公司能做到以下几点：第一，有强大的海外商品组织和货源整合能力；第二，强市场，在国内有较好的流量获取和转化能力，比如切中用户痛点，强正品保证，强服务体验售后保证，价格优势等；第三，团队有电商基因，有擅长运营和海外供应链管控的人才，有良好的物流清关流程管控能力；第四，如果能有良好的地方政府关系；第五，有行业格局观和正确的战略模式；第六，创始人要有很强的融资能力，这是一种综合实力，是战役胜利的供给保障。最终谁能搞定供应链，搞定流量，最终转化成销售，谁能把握竞争格局，认清自身优缺点，不断调整战略战术，吸引关键人才加入，谁就能在万亿级的市场立足。

朋友圈刷不出的10家跨境电商

数字表明，跨境电商这两年正在快速发展中。2014年8月，易观智库发布《中国跨境电商产业研究报告2014》，报告中说：2013年中国跨境电商市场交易额为2.7万亿元人民币，增长28.8%。其中，美国成为中国出口电商的主要目的国，占中国整体出口电商份额的16.6%，欧盟占比为15.3%，东盟则占比11%。

又据中国电子商务研究中心监测数据显示，2014年上半年我国跨境电子商务交易总额在3万亿元左右（如果这个统计口径与上文易观相同的话，那么2014年上半年跨境电商交易额已超过2013年全年），其中跨境零售约3000亿元。我国跨境电子商务的平台已经超过5000家，企业超过20万家。其中80%的企业来自广州、宁波等有传统外贸基础的地区。

阿里最新财报显示，2014年第三季度国际批发业务收入11.98亿元，同比增长24.0%。2015年提出"国际化"口号，速卖通、天猫国际成为阿里跨境电商的重要布局棋子，两者首次参加2015年"双十一"大促，为此，将支付宝、菜鸟物流三方的底层数据统一接入海关信息系统。

京东在2012年底时上线了英文版，直接面向海外买家出售商品。直到2014年初，刘强东宣布京东国际化提升，他表示："京东国际化将采用自营。而非纯平台的方式，京东控制所有的产品品质，确保发出的包裹能够得到消费者的信赖。"在京东上市前夕，京东挖来了华为老高管徐昕泉负责国际业务，选择的第一个地域是俄罗斯，收购当地电商入局的可能性很大。京东海外购则是京东海淘业务的主要方向。

尽管亚马逊入华已经整整10年，可始终以本土化方式与国内电商巨头抗争，而未能称王，直到2015年8月底才转变思路，用跨境电商撬开中国市场另一扇门。在11月初，亚马逊中国也宣布，开通海外六大站点直邮中国的服务，中国的消费者可通过亚马逊（中国）直接购买到美国、英国、法国、德国、西班牙、意大利六大海外站点的8000多万种国际商品。同时，亚马逊直邮加入2015年"双十一"大促，矛头直指天猫国际。不得不承认，亚马逊在全球拥有的供应商资源让阿里、京东在跨境电商业务中望尘莫及，然而亚马逊跨境电商业务在中国的发展不会水到渠成，虎嗅作者duguodong撰文称，亚马逊开通海外直邮，好

处其实没有想象中那么多。

相信此后不久，1号店、当当、唯品会等也会摩拳擦掌展开跨境电商业务。

如何理解跨境电商？从交易的走向来讲，虎嗅将跨境电商理解为两个部分：一是"买进来"就是所谓的海淘、代购；二是"卖出去"对外贸易中的出口（零售、批发）。后者以已在美国上市的兰亭集势为代表。

除了上述巨头明星，还有哪些跨境电商淘金者未被公众广泛所知？来看下10家跨境电商代表。

一、洋码头

创始人：曾碧波

创办时间：2009年10月

融资情况：2010年获天使湾创投的天使投资，金额不详

2013年A轮900万美元的融资，机构不详

业务模式：交易平台

简介：洋码头是一家面向中国消费者的跨境电商商务第三方交易平台。上的卖家可以分为两类：一类是个人买手，模式是C2C；另一类是商户，模式就是M2C。洋码头上的商品由海外零售商通过国际配物流送到手，商品涵盖母婴用品、食品保健、生活家居、服饰箱包、美容护肤等2万多个海外知名品牌。

简评：洋码头在业务模式上，与速卖通、易趣、亚马逊、京东的海淘业务基本一致，都是向第三方（海外）卖家开放，因此面临的竞争也最直接。相比亚马逊、京东，洋码头没有资金和流量上的优势，要想在夹缝中崛起的话，需要在海外供应商、物流整合以及产品体验的改造上面下功夫。曾碧波在创立洋码头之前，有过在易趣工作的经历，应该在海外供应商和业务流程方面有一定沉淀。

二、蜜淘

创办人：谢文斌

创办时间：2013年10月

融资情况：2014年7月获得经纬500万美元A轮融资

业务模式：限时特卖

简介：蜜淘是一家海淘品牌限时特卖的网站。蜜淘采用海淘品牌单品团、品类团和品牌团的限时特卖模式，本质上是一家垂直于海外品牌购物的B2C公司。从蜜淘官方页面陈列的商品看，主要聚焦在母婴、美妆领域。公开资料显示，蜜淘客户端激活用户已近50万，累计递送包裹8万个，月交易流水已破800万元，员工数量也从7人发展到50人。

简评：CN海淘转型蜜淘最明显的是将品类聚焦到母婴、美妆两个领域，减少商品库存压力，从名字上也能看出，蜜淘是以女性消费群体为主。品牌限时特卖又像在做跨境电商版唯品会，闪购模式和女性受众的选择是跨境电商不错的切入点，但未来能不能做出个跨境电商版唯品会，要看能否形成高复购率，直接考验蜜淘海外品牌正品、品质的保障。

三、蜜芽宝贝

创办人：刘楠

创办时间：2014年

融资情况：千万级人民币A轮由真格基金与险峰华兴所投

2000万美元B轮由红杉资本领投，真格基金和险峰华兴跟投

业务模式：垂直母婴特卖

简介：蜜芽宝贝的前身是一家四皇冠淘宝店，2011年创立于北京。2014年2月，蜜芽宝贝转型为进口母婴品牌限时特卖商城，于3月3日正式上线。蜜芽宝贝本质上是一家垂直行业的B2C网站，以限时折扣的模

式销售进口母婴品牌的产品。在采购模式上，蜜芽宝贝首先参考消费者需求，上线后最先收集口碑信息，形成反向采销流程。

简评：与蜜淘相比，蜜芽宝贝在跨境电商领域的切入点更细，用户更精准。从淘宝店起家，让蜜芽宝贝有了一定用户口碑，母婴类目作为一个单品，要面临用户周期性流失的问题，比如一个妈咪在小孩出生到3周岁之间有母婴产品需求。所以形成妈咪口碑是降低推广成本的关键因素。另外，还有政策红利，如"奶粉限购令"对蜜芽宝贝做海外奶粉代购是利好。如果未来蜜芽宝贝不想只做跨境电商版的宝宝树，可以考虑儿童玩具、服饰类目。

四、55海淘

创始人：顾军林

成立时间：2012年10月

融资情况：不详

业务模式：返利+闪购+广告联盟

简介：55海淘网是针对国消费者在线上进行海外购物的返利网站，其返利商家主要是美国、英国、德国等B2C、C2C网站，如：亚马逊、易趣、shop-apothheke等，返利比例在2%~10%，商品覆盖母婴、美妆、服饰、食品综合品类。55海淘打通了支付宝、财付通、PayPal多种方式支取海淘返利。此外，55海淘旗下还有海淘CPS广告联盟"海淘客"，以及海淘限时特卖55闪淘。

简评：与55海淘业务模式相近的还有海淘贝，也是2012年上线的，在2015年年初获得100万元的天使期投资。返利模式与广告联盟是比自营和平台模式都要轻，技术门槛也相对较低。55海淘应该向两端攻克，B端与更多的境外电商建立合作，C端伸向用户截取流量。就这两点来看，55海淘虽然在返利额度上，比境内电商导购网站额度高很多，但合作商家以及吸引用户的特色并未体现出来。

五、买个便宜货

创始人：董建伟

创办时间：2014年1月

融资情况：不详

业务模式：商品资讯+社区+导购

简介："买个便宜货"是一个网购（海外）商品资讯与购物讨论社区。资讯内容主要来自网友分享、爆料，再经过该网站的编辑审核，推荐到对应栏目，包括"最新文章""热门文章""有爆必应""网友晒单"以及"问答精选"。"买个便宜货"商品内容有3C数码、服饰鞋帽、运动户外、玩具母婴、汽车宠物等，几乎涵盖全品类。用户可以根据看到的商品信息和评价，点击"直达链接"后跳转到该商品的出售平台进行购买。与"买个便宜货"类似的网站还有极客海淘。

简评：在跨境电商还未普及，国内消费者对海外商品又有购买欲望，但并不了解的情况下，海外商品资讯结合社区讨论的形式，正好抓住了用户的痛点。"买个便宜货"的UGC内容产生形式还是不足以满足用户对海外商品资讯的需求，大部分网友分享的内容随意、缺乏专业性，要提升商品资讯的专业和社区氛围，"买个便宜货"可以挖掘或培养一批专业的海淘买手，在内容上进行引导。

六、WIBOY

创始人：韩国留学生（具体不详）

创办时间：2009年

融资情况：不详

业务模式：商品资讯+代购批发

简介：WIBOY是由WIBOY韩国东大门代购团队创建的网站，团队成员为韩国留学的大学生或是研究生。网站提供东大门代购以及韩国东大门批发市场的相关内容介绍，以国内实体店铺、批发商以及网店

为主要服务对象，服务内容包括提供专业找款、拍照、代购、验货、物流服务。WIBOY提供批发服务，不零售。商品内容集中在韩国女装、鞋帽饰品、韩国美妆。用户可以注册下单或直邮下订单。

简评：观察了WIBOY的页面设计和流量情况，应该是一个兼职性质的网站，将其列举出来，因为跨境电商中，限地域批发模式也是个比较有代表性的方向。选择这样的模式是根据当地特色和异地市场需求的匹配。众所周知，在中国有一股"韩风"，韩国擅长制造时尚潮流，又主要表现在服饰、美妆方面。WIBOY正是抓住这个点，找款、拍照只是作为批发业务的辅助。

七、168海淘

创始人： 刘潜

创办时间： 2013年8月

融资情况： 未融资

业务模式： （精选）购物平台

简介：168海淘是一家海外购物平台，其主打三张牌：第一，一站购物。用户直接在搜索框里下单，货物就自动默认发到保税区（只收行邮税而不收增值税和关税）。第二，与海外电商的深层次合作。海外知名企业（BabeNeuf、Intermarche、家乐福）的加盟无疑为168海淘商品来源的合法性起到了背书的作用。第三，省钱的物流服务。168海淘提供的包邮特卖。

简评：168海淘的直接竞争对手是洋码头，有所不同的是168海淘做品类筛选，集中在母婴、美妆这些高毛利品类上，再将"精选""直邮""免税"包装成卖点。除了从公开资料中看到168海淘创始团队有海归、名企背景外，与洋码头、京东、亚马逊它们相比，并未看出有何优势，所以持续该模式的话将面临残酷竞争。

八、莎莎网

创始人：郭少明

成立时间：2000年

融资情况：莎莎国际香港上市公司目前市值153亿港元（约119亿人民币）

业务模式：自营零售

简介：莎莎网是莎莎国际控股有限公司（香港联合交易所有限公司上市公司）旗下的电子商贸网站，借助线下莎莎集团在亚太地区化妆品零售积累的品牌资源，以自营零售为主，商品方面以美妆护理、健康食品和美容工具为主，香港本地和内地用户是主要消费群体，消费方向集中在韩日、欧美美妆护肤产品上。商品售价也直接用人民币标注，支付不需外汇兑换，下单后由香港发货。在促销方式包括限时特卖，特价清场。莎莎网"双十一"促销，可见其对内地用户的重视。

简评：莎莎网的母公司莎莎国际是香港化妆品连锁老大，创立于1978年，最近6年出现了连续亏损，所以莎莎网作为线上业务在内地改头换面，被寄予厚望。与内地同类美妆电商相比，莎莎网在价格和品牌丰富度上有优势，只是在内地推广的动作很少。其"美丽学院"将时尚媒体与粉丝达人结合，在美丽说蘑菇街入驻，获取用户相对精准，这方面算是跨境电商中的创新点。

九、魅力惠

创始人：韦奕博（法国人）

成立时间：2010年4月

融资情况：2014年4月，获周大福、天达银行6500万美元战略投资

业务模式：限时特购+会员制

简介：魅力惠定位为亚洲时尚奢品限时折扣网站，目前与1300多个国际著名品牌形成官方授权合作。主要运作方式为魅力惠时尚顾问根

据最新的潮流趋势网罗各大时尚名品，在每日9点推陈出新低至1折起的优质精品。其商品涵盖男/女士美妆、家居、母婴相关产品。即便魅力惠出售的奢侈品打1~2折，但客单价普遍在3000元以上。

简评：将魅力惠划分为跨境电商看似有点牵强，但魅力惠采取品牌合作代销的模式，合作对象基本全是海外奢侈品，因此顾客下单的话，主要由海外品牌商发货。魅力惠创始人韦奕博（ThibaultVillet）是一位奢侈品零售业的老兵了。他曾在欧莱雅和寇驰等奢侈品牌担任高级职位，对奢侈品供应链和市场动向熟悉，这也是魅力惠的优势。可是面对国内奢侈品电商倒闭风波潮与本土奢侈品电商寺库、走秀等正面竞争，如何出奇制胜，还有待考量。

十、美国购物

创始人：李红旗

创办时间：2005年11月

融资情况：不详

业务模式：限地域品牌代购

简介：顾名思义"美国购物"专注代购美国本土品牌商品，涵盖服饰、箱包、运动鞋、保健品、化妆品、名表首饰、户外装备、家居母婴用品、家庭影院等。该网站批发零售兼顾，主打直邮代购。代购的商品均由美国分公司采用统一的物流配送——纽约全一快递，由美国发货直接寄至客户手中，无须经过国内转运。除了在线下单，还提供了中英文双语电话服务。

简评：美国购物在2005年就成立了，算是国内第一批代购网站，可能是闷声发大财，虎嗅君通过工商总局官网查询注册公司法定代表人，才找到创始人。与WIBOY不一样的地方在于，美国购物是专注地域品牌代购，这或许也是跨境电商垂直化的一个方向。不过从美国购物的网站布局来看，还属于5年前B2C电商的主流版式，其陈列商品除了折扣、低价、免邮等关键词外,并未有其见其他新意,商品更新也不频繁。种种迹象表明,美国购物其实是一家线下外贸为主的公司。

借助跨境电商渠道做自有品牌

除了上述以渠道方式做跨境电商的形式,还有借助跨境电商渠道做自有品牌的方式,在雨果网的报道中提曾提到以下4家:

Anker:从亚马逊崛起的移动电源品牌,业界称为"Anker"模式,主要是通过建立海外仓,在深圳建立研发供应链支持。Anker创始人阳萌放弃了年薪200万的谷歌工程师的offer回国创业,在易趣、亚马逊开店。Anker作为自有品牌直营,目前重点市场是北美、欧洲、日本和中国,业务覆盖全球;多款产品在亚马逊、易趣等全球主流线上市场稳居前列;并且每年都能保持两三倍的销售业绩增速,已成为最成功的全球品牌范例。

Tenvis:从华强北起家,以外销为导向,依托跨境渠道在海外形成IPcamerca品牌。TENVIS品牌网络摄像机在国内没有几人知晓,但在海外许多国家和地区,TENVIS已有一定的知名度。创始人李小有表示,之前为在国外的知名大企业做代工,一件商品出厂价为200美元,市场价2000美元。这种OEM订单利润被压榨得很厉害且订单不稳定。后来李小有不得不寻找其他出路,做自有品牌。但要想打响品牌,并不容易。

THL:前身为山寨手机的THL转型之路可谓艰辛。在饱尝山寨手机被打击的苦头后,THL致力于研发适合跨境零售的手机,相对于联想、华为等国产知名手机只有中英文菜单且功能单一的弱点,THLW8+机型不仅有着多达十几种语言的最新安卓系统而且质量有保障,迅速借助跨境独立平台抢占海外安卓智能机市场。

Romwe:Romwe自主研发设计的女装时尚品牌DesignFromChina,创始人李鹏以前就职于知名外贸B2C公司南京科泰。Romwe重营销,推崇

"强关系学"。李鹏在第三届海贸会年会上表示，由于价格战激烈，服饰类纯利已降至5%，品牌之路仍旧漫长，但这是必经之路，只有这样才会更长久。

最后一公里——当跨境电商遭遇"物流之痛"

国内跨境电商发展现状

跨境电商这行业现在有多火呢？至少，这行最近在央视《新闻联播》里，享受了一次头条报道的待遇。3月1日晚7点，《新闻联播》在头条新闻播报时间，重点报道了商务部发布的中国已成全球第一贸易大国的年度数据报告。新闻里提到了一些重要数据：2013年我国进出口总值首次突破4万亿美元；其中出口2.21万亿美元，进口1.95万亿美元等。当然，中国出口贸易增长长期领先全球增长大势，这些数据是可预期的。不过，当央视提到整个国内进出口贸易下的跨境电商时，却重点强调了跨境电商的惊人增速。为了准确传达《新闻联播》的原始信息，我们不妨摘抄节目原文，以供参考：

一份大数据报告勾勒出未来全球贸易格局。传统外贸年均增长不足10%，跨境电子商务却保持30%以上的增速。我国20多万家小企业在各类网络平台上做买卖，年交易额超过2500亿美元。中国正在和美国一起成为全球跨境电子商务的中心。在由互联网重塑的国际贸易格局当中，中国不仅抢得了先机，而且为贸易增长增加了新的支点。

商务部公布的数据已经说得非常清楚，跨境电商已成为中国进出口贸易增长最快的领域。为了接下来的行文方便，有必要对商务部报告里涉及跨境电商部分的重点数据和趋势总结，作一个精简提炼。

三个重点数据：①跨境电商年均30%以上增长；②20多万家企业从事在线出口贸易；③年交易额已超过2500亿美元。三个趋势总结：①国际贸易格局被互联网重塑；②中美两国已成全球跨境电商中心；③中国抢得先机且为贸易增长新支点。

这就比较有意思了，因为进一步推敲商务部数据报告的内容，以及对跨境电商行业实际状况的观察，我们可以了解外贸电商反倒比一般人印象中红海一片的国内电商更火的原因。

自发形成的跨境电商市场

跨境电商，更多话语场景下，总以外贸电商以代之。这凸显了当前中国构成跨境电商的产业主体，主要还是在外贸出口类电商。虽然广受关注的进口类跨境电商（海淘）一定程度上更为广大买家关注，但外贸电商领先整体跨境电商市场，这里面，既有整个国内电商产业发展历史原因所致，也是符合中国整体经济大势的必然表现。

回顾中国电商发展历史，从1999年底开始到今天，国内电商整体发展可以粗略地分成三个模式阶段：第一个阶段是1999年开始以阿里为主导的B2B模式；第二个阶段是2003年阿里系（淘宝、支付宝）与易趣鏖战的C2C模式。这个模式下，还有腾讯拍拍和曾经的百度有啊做陪衬；第三个阶段，是从2010年开始，阿里系与京东以及各类垂直类电商正面PK的B2C模式。但是，在第二和第三个阶段的中间阶段，国内从事出口贸易的厂商，也就是传统B卖家，却以第一个阶段的身份，实现了第四条路径的开辟。这条路，就是这些从事出口的B类卖家，在易趣退出中国C2C市场竞争之后，依托易趣的全球买家平台资源，开始做起直面全球买家的跨境B2C生意。

我们可以简要地回顾这条第四路径的原点。2006年，当易趣将旗下

中国C2C电商平台网站易趣交付TOM打理时，易趣并未完全退出中国市场。彼时的易趣发现，在国内从事出口贸易的厂商，很多都已自发地在易趣上寻找全球买家的交易需求，水土不服的易趣在国内玩不转C2C类电商，却因拥有全球最优质买家资源的优势，与国内卖家一道顺其自然地发展出跨境电商的新业务。2012年底，易趣在中国已经明确能长线挖掘的业务在出口类跨境电商领域，包括一部分的进口类跨境电商业务——海淘。

这就为曾经饱受全球经济波动困扰的出口企业，开辟了一条能直面全球买家的新渠道，从而规避宏观经济大环境的影响。

跨境电商的物流之痛

从2012年开始，外贸出口类跨境电商，就已经显示出强劲的增长势头，借用电商业内人士的普遍看法，如果还想在当前国内电商领域寻找一块价值洼地，非外贸电商莫属。但与发展多年的外贸B2B相比，跨境B2C电商所占份额还远远不够。除了增长虽快但发展时间累计不够等客观因素外，信息流、金融流、物流服务链都是制约跨境B2C电商业务还不能更快发展的瓶颈。

不过，这其中，信息流受限于各国国情和买家习惯的不同，金融流政策准入太高，反倒是完全向民资开放的物流服务链，可能是最先突破瓶颈，从而完善跨境B2C整体生态，有效解决卖家服务需求，提升买家体验的一块。

得益于PayPal拥有全球最佳的跨境结汇支持，易趣能在支付方式上遥遥领先。但不做自营电商的易趣，却不像亚马逊那样，拥有遍布全球的物流仓储配送体系。在支付和物流的两端严重失衡的情况下，易趣太需要拥有一个接近PayPal品质的物流服务体系。

易趣以往的经验，是跟全球顶级物流快递公司合作。在国内外贸电商以小包业务占据主流的时代，易趣与中国邮政、DHL等国内外物流快递巨头合作，推出的"国际E邮宝"等物流方案，一定程度上能满足绝大多数卖家的物流服务供应。

不过，走"国际E邮宝"或类似国际小包快递，缺点非常明显：费用贵（成本均摊到客单价，拉低卖家价格竞争优势）、物流周期长、退换货麻烦，还有各种海关查扣、快递拒收等不确定因素。客户体验无法形容的糟糕，长期下去还会限制卖家扩张品类。

2013年，随着阿里巴巴搭建菜鸟网络，"大物流时代"概念在国内电商行业掀起高潮。所谓"大物流时代"，简单地说，就是打破时间、空间和成本的约束，让商品配送实现真正的无缝对接。

而外贸电商领域的"大物流时代"，或者说解决以往小包时代成本高昂、配送周期漫长问题的唯一解决方案，就是在海外设立仓库。而选择走海外仓模式，好处很多。不仅以上问题统统不存在，还能让卖家在线远程管理海外仓储，保持海外仓储货物实时更新，严格按照卖家指令对货物进行存储、分拣、包装、配送，且在发货完成后系统会及时更新，以显示库存状况。彻底将卖家与物流配送的关系，从卖家被动等待物流公司配送，颠倒为卖家远程操控货物仓储物流配送全流程，主动掌控物流管理链。再说，买家购买的货物从本地发货，更容易受海外买家的信任，提升购买率，无形中让国内卖家同当地卖家站在同一起跑线上。

从这点来说，海外仓在外贸电商全交易链的价值，已经上升到降低成本开支、提升客户体验的利润点。抛开易趣平台和对海外卖家市场的有效推广转化不论，仅从目前的物流链来看，告别传统的快递模式，走海外仓储物流配送模式，就能从现有的交易规模里，透过成本缩减，大幅度提升卖家盈利水平。简单地说，海外仓不是让卖家花钱，反倒是让卖家在原来跨境物流模式下挣到钱。成本即利润，海外仓属于外贸电商产业链中典型的管理性盈利，是成本管理、流程优化提升出的

利润。

同时，随着家居类、汽配类物货品类，在2013年国内整体外贸增长中，完全领先传统的3C、时尚类货物的增长额。仅就家具汽配两大品类，就已经不适合走国际小包。这也是从2013年底，易趣开始对卖家密集推广海外仓物流模式的原因。

但是，海外建仓的复杂和挑战，往往在看不见的地方显现。跨境物流整体解决方案服务，套用"雕爷牛腩"创始人雕爷的产品分类模型来说，是一个无限改进型的服务产业。这类产业的本质，是行业发展方向很难脱离产业链上下游的发展节奏。如同移动通信技术标准的改进，总是走在智能手机发展的前面。总体上，跨境物流公司制定的服务标准，总是稍后于卖家和电商平台针对市场变化作出的运营调整。

一般来说，拥有一个海外仓储系统，不管租赁也好自建也罢，往往会克服运维成本、库存周转、配送售后等问题。但这是服务风险，不是服务事故。对于服务风险，易趣和像万邑通等第三方物流公司，早就能提供一整套完整解决方案。

比如库存问题、销售问题，除了卖家依靠以往销售经验进行评估外，易趣会利用其大数据服务，最大限度帮助卖家分析品类商品资金捆绑时间，计算出相对最合理的库存指数。在海外仓的这种仓储物流配送体系下，易趣就能利用自身平台力量，替卖家把快递价格压低，进一步降低卖家物流成本。

真正决定物流服务水平差异的，或者说一套完善的跨境物流整体解决方案，在实际状况中通常遭遇的问题，恰恰容易出现在"最后一公里"。也就是说，在实际情况中，更多出现在配送端和客服端。

有些跨境物流公司，丢包事件时常发生，卖家申请退款，赔偿周期漫长。对物流公司丢包问题，有些卖家已如惊弓之鸟，不走挂号件都不敢发货。还有一些物流公司的海外仓，货物转仓越仓后信息登记不及时，客户查看不便，客服应答敷衍。客户寻求解决方案时，问题申报与方案解决之间，物流公司为自保利益，不断要求客户支付解决成本，造成客户问题解决支出越摊越大。还有虚假发货，买家地址发错，等卖家投诉过去，仓库和客服信息又衔接不畅等问题，物流公司提供的服务事故之多，解决之麻烦，已经严重影响了海外仓这种物流模式在客户心目中的选择价值。

不能因为当前行业的火爆，就掩盖物流在整个外贸电商供应中存在的问题。只是因为当前外贸电商市场规模的急剧扩张，海外物流仓储服务还不能完全满足卖家订单配送量的需求，造成一定程度上，掩盖了当前提供海外仓服务的跨境物流公司存在的问题，市场给所有人释放了发展中解决问题的红利。

第八章

互联网思维，重构电商新模式

什么是真正的互联网思维？

互联网诞生后，世界正式进入信息爆炸的时代，这从一个方面说明了互联网是一个全球最大规模的信息资源库——通过光纤联系了全球数以亿计的电子计算机里储存的信息，有数不胜数的网站，以及十几亿网民上传的无数的文字、图片、视频等信息，并且它们每时每刻都在迅速增加。自从互联网诞生以来，信息就如同汹涌而来的海潮把人类紧紧地包围在其中。在如今的互联网上，没有你找不到的信息，大到政府今天出台了什么新的条例，小到城市里今天有哪些地方堵车。除了一些有必要保密的非公众信息外，互联网几乎让所有的显性知识和信息都透明化、公开化了。从某种程度上来说，知识和信息再也不是一种稀缺资源了，偏僻地区的人有了和发达地区的人一样的信息力量。通过网络信息的传播，全世界所有人都可以相互传送经验和知识，

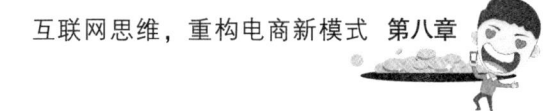

发表意见和见解。

人类经过的每次社会进步，作为代表的，不是物质的提高，也不是技术的飞越，而是思维的转变。现在，互联网思维已经不光是用在互联网领域了，它就如同文艺复兴一样，在辐射整个社会，对这个时代都产生了巨大的影响。受到波及的也不单单是产品经理或者程序员，所有的传统行业都会被波及，互联网思维将把所有的传统行业改变甚至颠覆，这种思维就是一种财富，会影响到社会的各个角落。

李彦宏指出："互联网产业最大的机会在于发挥自身的网络优势、技术优势、管理优势等，去提升、改造线下的传统产业，改变原有的产业发展节奏、建立起新的游戏规则。今天看一个产业有没有潜力，就看它离互联网有多远。能够真正用互联网思维重构的企业，才可能真正赢得未来。"

那么，什么是真正的互联网思维呢？

我们先来看几个例子：

一个毫无餐饮行业经验的人开了一家餐馆，仅两个月时间，就实现了所在商场餐厅坪效第一名。VC投资6000万元，估值4亿元人民币，这家餐厅就是雕爷牛腩。

雕爷牛腩只有12道菜，花了500万元买断香港食神戴龙牛腩配方。每双筷子都是定制、全新的，吃完饭还可以带回家。老板每天花大量时间盯着针对菜品和服务不满的声音。开业前烧掉1000万元搞了半年封测，其间邀请各路明星、达人、微博大号们免费试吃……

雕爷牛腩为什么这样安排？背后的逻辑是什么？

我们再看第二个段子：这是一个淘品牌，2012年6月在天猫上线，65天后成为中国网络坚果销售第一。2012年"双十一"创造了日销售766万元的奇迹，名列中国电商食品类第一名。2013年1月单月销售额超

过2200万元。至2015年一年多时间，累计销售过亿，并再次获得IDG公司600万美元投资。这个品牌是三只松鼠。

三只松鼠带有品牌卡通形象的包裹、开箱器、快递大哥寄语、坚果包装袋、封口夹、垃圾袋、传递品牌理念的微杂志、卡通钥匙链，还有湿巾。

一个淘品牌，为什么要煞费苦心地做这些呢？

再看第三个段子：这是一家创业仅3年的企业。2011年销售额5亿元。2012年，销售额达到126亿元。2013上半年销售额达到132.7亿元，全年销售可能突破300亿元。在新一轮融资中，估值达100亿美元，位列国内互联网公司第4名。这家企业是小米。

雷军说，参与感是小米成功的最大秘密。怎样理解参与感？

这三个企业虽然分属不同的行业，但又惊人相似，我们都称之为互联网品牌。

我们可以这么理解互联网络思维：在 (移动) 互联网、大数据、云计算等科技不断发展的背景下，对市场、对用户、对产品、对企业价值链乃至对整个商业生态进行重新审视的思考方式。

它包括下面八种思维。

一、用户思维

用户思维，是指在价值链各个环节中都要"以用户为中心"去考虑问题。作为厂商，必须从整个价值链的各个环节，建立起"以用户为中心"的企业文化。只有深度理解，用户才能生存。没有认同，就没有合同。

法则1：得"屌丝"者得天下

成功的互联网产品多抓住了"屌丝群体""草根一族"的需求。这是一个人人自称"屌丝"而骨子里认为自己是"高富帅"和"白富美"

的时代。当你的产品不能让用户成为产品的一部分，不能和他们连接在一起，你的产品必然是失败的。QQ、百度、淘宝、微信、YY、小米，无一不是携"屌丝"以成霸业。

法则2：兜售参与感

一种情况是按需定制，厂商提供满足用户个性化需求的产品即可，如海尔的定制化冰箱。另一种情况是在用户的参与中去优化产品，如淘品牌"七格格"，每次的新品上市，都会把设计的款式放到其管理的粉丝群组里，让粉丝投票，这些粉丝决定了最终的潮流趋势，自然也会为这些产品买单。

让用户参与品牌传播，便是粉丝经济。我们的品牌需要的是粉丝，而不只是用户，因为用户远没有粉丝那么忠诚。粉丝是最优质的目标消费者，一旦注入感情因素，有缺陷的产品也会被接受。未来，没有粉丝的品牌都会消亡。

二、极致思维

极致思维，就是把产品、服务和用户体验做到极致，超越用户预期。什么叫极致？极致就是把命都搭上。

法则3：打造让用户尖叫的产品

用极限思维打造极致的产品。方法论有三条：第一，"需求要抓得准"（痛点、痒点或兴奋点）；第二，"自己要逼得狠"（做到自己能力的极限）；第三，"管理要盯得紧"（得产品经理得天下）。一切产业皆媒体，在这个社会化媒体时代，好产品自然会形成口碑传播。

尖叫，意味着必须把产品做到极致；极致，就是超越用户想象！

法则4：服务即营销

阿芙精油是知名的淘宝品牌，有两个小细节可以看出其对服务体验的极致追求：①客服24小时轮流上班，使用Thinkpad小红帽笔记本工作，因为使用这种电脑切换窗口更加便捷，可以让消费者少等几秒钟；

②设有"CSO",即首席惊喜官,每天在用户留言中寻找潜在的推销员或专家,找到之后会给对方寄出包裹,为这个可能的"意见领袖"制造惊喜。

曾经,海底捞的服务理念受到很多人推崇,但是在互联网思维席卷整个传统行业的浪潮之下,如果海底捞不能用互联网思维重构企业的话,学不会的,可能是海底捞了。

三、迭代思维

"敏捷开发"是互联网产品开发的典型方法论,是一种以人为核心、迭代、循序渐进的开发方法,允许有所不足,不断试错,在持续迭代中完善产品。

这里面有两个点,一个"微",一个"快"。

法则5:小处着眼,微创新

"微",要从细微的用户需求入手,贴近用户心理,在用户参与和反馈中逐步改进。"可能你觉得是一个不起眼的点,但是用户可能觉得很重要"。360安全卫士当年只是一个安全防护产品,后来也成了新兴的互联网巨头。

法则6:精益创业,快速迭代

"天下武功,唯快不破"。只有快速地对消费者需求作出反应,产品才更容易贴近消费者。Zynga游戏公司每周对游戏进行数次更新,小米MIUI系统坚持每周迭代,就连雕爷牛腩的菜单也是每月更新。

这里的迭代思维,对传统企业而言,更侧重在迭代的意识,意味着我们必须及时乃至实时关注消费者需求,把握消费者需求的变化。

四、流量思维

流量意味着体量,体量意味着分量。"目光聚集之处,金钱必将追随",流量即金钱,流量即入口,流量的价值不必多言。

法则7:免费是为了更好地收费

互联网产品大多用免费策略极力争取用户、锁定用户。当年的360安全卫士，用免费杀毒入侵杀毒市场，一时间搅得天翻地覆，回头再看看，卡巴斯基、瑞星等杀毒软件，估计没有几台电脑还会安装了。

"免费是最昂贵的"，不是所有的企业都能选择免费策略，因产品、资源、时机而定。

法则8：坚持到质变的"临界点"

任何一个互联网产品，只要用户活跃数量达到一定程度，就会开始产生质变，从而带来商机或价值。QQ若没有当年的坚持，也不可能有今天的企业帝国。注意力经济时代，先把流量做上去，才有机会思考后面的问题，否则连生存的机会都没有。

五、社会化思维

社会化商业的核心是网，公司面对的客户以网的形式存在，这将改变企业生产、销售、营销等整个形态。

法则9：利用好社会化媒体

有一个做智能手表的品牌，通过10条微信，近100个微信群讨论，3千多人转发，11小时预订售出18698只T-Watch智能手表，订单金额达900多万元。

这就是微信朋友圈社会化营销的魅力。有一点要记住，口碑营销不是自说自话，一定是站在用户的角度，以用户的方式和用户沟通。

法则10：众包协作

众包是以"蜂群思维"和层级架构为核心的互联网协作模式，维基百科就是典型的众包产品。传统企业要思考如何利用外脑，不用招募，便可"天下贤才入吾彀中"。小米手机在研发中让用户深度参与，实际上也是一种众包模式。

六、大数据思维

大数据思维，是指对大数据的认识，对企业资产、关键竞争要素的

理解。

法则11：小企业也要有大数据

用户在网络上一般会产生信息、行为、关系三个层面的数据，这些数据的沉淀，有助于企业进行预测和决策。一切皆可被数据化，企业必须构建自己的大数据平台，小企业也要有大数据。

法则12：你的用户是每个人

在互联网和大数据时代，企业的营销策略应该针对个性化用户做精准营销。

银泰网上线后，打通了线下实体店和线上的会员账号，在百货和购物中心铺设免费WIFI。当一位已注册账号的客人进入实体店，他的手机连接上WIFI，他与银泰的所有互动记录会一一在后台呈现，银泰就能据此判别消费者的购物喜好。这样做的最终目的是实现商品和库存的可视化，并达到与用户之间的沟通。

七、平台思维

互联网的平台思维就是开放、共享、共赢的思维。平台模式最有可能成就产业巨头。全球最大的100家企业里，有60家企业的主要收入来自平台商业模式，包括苹果、谷歌等。

法则13：打造多方共赢的生态圈

平台模式的精髓，在于打造一个多主体共赢互利的生态圈。

将来的平台之争，一定是生态圈之间的竞争。百度、阿里、腾讯三大互联网巨头围绕搜索、电商、社交各自构筑了强大的产业生态，所以后来者如360其实是很难撼动的。

法则14：善用现有平台

当你不具备构建生态型平台实力的时候，那就要思考怎样利用现有的平台。

马云说："假设我是90后重新创业，前面有个阿里巴巴，有个腾

讯，我不会跟它挑战，心不能太大。"

法则15：让企业成为员工的平台

互联网巨头的组织变革，都是围绕着如何打造内部"平台型组织"。

包括阿里巴巴25个事业部的分拆、腾讯6大事业群的调整，都旨在发挥内部组织的平台化作用。海尔将8万多人分为2000个自主经营体，让员工成为真正的"创业者"，让每个人成为自己的CEO。

内部平台化就是要变成自组织而不是他组织。他组织永远听命于别人，自组织是自己来创新。

八、跨界思维

随着互联网和新科技的发展，很多产业的边界变得模糊，互联网企业的触角已无孔不入，如零售、图书、金融、电信、娱乐、交通、媒体等。

法则16：携"用户"以令诸侯

这些互联网企业，为什么能够参与乃至赢得跨界竞争？答案就是：用户！

他们一方面掌握用户数据，另一方面又具备用户思维，自然能够携"用户"以令诸侯。阿里巴巴、腾讯相继申办银行，小米做手机、做电视，都是这样的道理。

未来10年，是中国商业领域大规模打劫的时代，一旦用户的生活方式发生根本性的变化，来不及变革的企业，必定遭遇劫数！

所以，最后一个法则：用互联网思维，大胆颠覆式创新。

互联网与传统产业八大跨界

互联网从金融到教育，从医疗到可穿戴，"遇土而入，遇水而化"，所向披靡，一一突破传统产业壁垒森严的边界。从产品形态、销售渠道、服务方式、盈利模式等多个方面打破原有的业态，几乎所有的传统行业、传统应用与服务都在借助互联网实现跨界融合，互联网与传统行业进入"核聚变时代"。

互联网+金融

互联网点燃了金融业的熊熊烈火，P2P、第三方支付、大数据金融、互联网金融门户、众筹……一波接着一波，普通大众携着千百万的"零钱"席卷而来，百度百发4小时销售额突破10亿元，余额宝规模逼近2000亿元。让传统金融机构不安的是，在卷走银行储户的存款之后，移动互联网金融的手已悄悄伸向到传统金融业务的核心。

互联网基金理财将持续火爆，最大的金融机构银行仅仅服务了2%的中小微企业，你可以想象未来面向小微贷款的互联网金融的空间有多大。激流之下也有沉沙，在P2P等细分领域，不合规和风控差的企业也将逐渐被淘汰。

可穿戴设备

戴在手上，穿在身上，可穿戴设备迅猛发展。继谷歌眼镜之后2013年国内外互联网产业巨头为互联网潮人的装备升级不遗余力。速途研究院数据显示，2013年可穿戴设备出货量达到765万台，市场规模相比2012年增长301.64%。从盛大智能手表Bambook Smart Watch、康康移动智能血压仪到百度"咕咚"手环，再到中小创业公司陆续推出各式各样的可穿戴设备，产品涵盖了生活健康、信息咨询和体感控制等方面。一番拼杀后业内惊呼：硬件已无发展空间，2014年，软件和硬件的结合将成为可穿戴设备发展的重点。

互联网+电视

一种叫盒子的东西让曾经势不两立的互联网和电视开始握手言和，让大家放下笔记本电脑重新坐回到电视前。这种盒子利用宽带有线电视网，集互联网、多媒体、通信等多种技术于一体，突破互联网与电视之间的藩篱，不仅将互联网内容搬到更大的屏幕之上，还可以实现互动。

最早大力掘金该领域的是雷军的小米，在小米推出盒子后，5万台乐视盒子在58分钟内被一抢而空，爱奇艺联合创维，阿里巴巴联手华数传媒也相继推出各自的盒子产品。数据显示，2013年全国有线电视机顶盒用户突破了2.6亿，增长幅度超过20%。开局之战，小米、乐视暂时领先。2013年，价格战已经打到谷底；2014年，互联网电视的热潮还可以更火爆，但靠的将是技术的突破和服务的升级。

互联网+教育

2013年，BAT三巨头中的两家百度与淘宝几乎同时发布了各自的在线教育产品——百度教育和淘宝同学。慧科教育推出在线教育平台开课吧，成为互联网教育的黑马。在电商、社交网络、移动互联逐渐成为竞争红海后，在线教育市场被当作互联网产业最后一片蓝海。虽然俞敏洪判断：在线教育平台和工具创业项目99%都会死掉。但是，再狠的"危言"也阻止不了创业者们求胜的心，他们可能更在意他后半句话：剩下的1%，会变成特别有活力的教育公司——经历过春秋战国群雄争霸的时代，剩下的将一统天下。

互联网+医疗

2013年，移动医疗异军突起，移动互联网与医疗这一长青行业展开对接，推出远程患者监测、视频会诊、在线咨询、个人医疗护理、无线

访问电子病例和处方，足不出户即可看病就医。移动和医疗终端OEM厂商、应用软件开发商、系统方案商、ODM厂商、芯片和模块OEM厂商、网络设备提供商，这场对接将给其上下游带来难以估量的商业机会。俗话说："与人方便就是与己方便"，何况是与最舍得花钱的病人方便。2015年，互联网医疗爆发的节奏。

互联网地产销售

2013年，互联网与地产销售加速融合，房地产家居垂直门户搜房网的股价涨幅已高达218%。近日德意志银行重申对搜房股票的"买入"评级，并将目标股价上调至105美元。不仅是在美国上市的搜房，在国内上市的房地产网媒三六五网涨幅也已超过40%。

房地产行业专家表示，无线互联网的移动营销，以其精准的"四维定向"和强烈的互动性，可以直接演化为促销渠道，这是一种颠覆性的改变，尤其在房产价格不断"拼跌"的市场环境下，低成本、效果突出的移动营销将为房产市场注入全新活力。不要忘了，接下来给互联网地产销售"加薪"的还有正在迅猛发展的海外置业。

智慧城市

全国测绘地理信息局长会议上公布了一组数字：目前中国已有190个地级市完成数字城市建设，并开始向智慧城市建设全面升级。未来的智慧城市线上线下链接将不仅仅是在回家路上开启热水器，启动电饭煲。智慧城市将把城市里分散的信息化系统、物联网系统整合起来，提升为具有较好协同能力和调控能力的有机整体。

互联网旅游

另一个依托互联网正在悄然崛起的领域就是智慧旅游，移动终端订票已成为我国旅游消费一大新亮点，旅游在线服务、网络营销、网上预订、网上支付等智慧旅游服务也在悄然掘金。2014年已经被定为"中国智慧旅游年"。智慧旅游领域将呈爆发式增长。

以人为本，为消费者营造亲人般的爱

互联网思维的生成，很大一部分原因是由于其生产力的属性，互联网的技术特性会影响互联网市场的逻辑思维。互联网的世界和传统的工业世界是不一样的，里面所存在的基本元素不一样就意味着传统的工业时代是供不应求的市场，资源都是有限的，而在互联网时代这种情况将完全被扭转，依据摩尔定律等相关理论，构成互联网的三个基本要素就是带宽、储存和服务器，而且在未来，这三个要素将无条件被企业使用，所以想要垄断互联网市场是不可能的。

还有，互联网是一个大的网络结构，由一个个节点构成，所以，互联网是没有中心点的，如果你愿意，可以把任何节点都当作中心点，这就是互联网的思维，完全的平等，没有权威或者说中心，这是互联网一个很重要的基本原则。

在互联网的世界中，个体和企业都是网络中的一个节点，至于这个节点的重要性，就由这个节点所连接的广度和密度所决定，越广越密，价值就越大，这就反映出信息社会的一个特点，信息的储量就是价值的储量。所以对外的交流就显得格外重要，闭门造车就是自讨苦吃。

因此，互联网的模式就是一个具有平等、开放特征的思维方式，这种思维方式的基础也是平等和开放。而这些特征是以人为本的最佳体现。这样来看，互联网的经济体系就是一个真正把人看重的体系，让人性回归于商业，让商业回归于人性，两者相融合的体系。

在农业文明的时期，最被看重的东西就是土地和农民，到了工业时代，这些东西就变成了资本和机器，还有工作在流水线上像机器一样

的人。到了知识经济时期，最重要的资本又变成了数据和拥有知识的人，也就是所说的知识工作者。公司的管理也从层级式管理变为扁平的网络式管理，真正做到以人为本，让那些知识工作者去创造价值，成为一个组织甚至社会最紧要的事情。

感性思维是重点

在很长一段时间里面，感性思维都是创业的禁区。因为在以前，创业者要把心思都用在产品功能的思考上，企业经营流程的把控和对外的交流，这些都需要理性思维的支持，理性思维也就变成了创业有所突破的必备条件，甚至是唯一的要素。

但是在现在，仅仅是利用理性思维已经不行了，至少不会成就一个站在顶点的创业者或者企业。当下，创业者除了需要具备掌控企业的能力，还需要一双能看透人心的眼睛，能够揣摩出用户的心理。

像女性一样感知

以前企业要了解客户，最常见的办法就是市场调研，依靠调查，还有调查得到的数据，进行分析，在物质缺乏的时期和工业时代，这样的方式是有效果的，因为那时候的人们的需求就是温饱、安全，更在意产品的效果还有价格。但是现在人们的需求已经不仅仅停留在温饱和安全层面，已经上升了一个高度，开始有交流、尊重和自我价值的实现这样的精神需求，这样的话，抽样调查也就没有什么意义了。

举个真实的案例：有个趣事，一家专门生产包的企业，由于要推出一款更适合女性的包，就让人去进行市场调研，市场调查人员察觉到，女孩子在从包里拿东西的时候很不方便，就显示出现在的女包可以进行改进，应该在里面添加更多的隔层。接下来，企业就理所应当地推出了一款隔层更多的女包，而且为此做了很多宣传，但是市场的反馈状况很一般，企业就开始向营销专家讨教，营销专家对市场进行研究发现，女孩子就是喜欢缓慢地从包里拿东西，这对她们来讲并不麻烦甚至还是种享受。

早些时候，有一本书，名字是《男人来自火星，女人来自金星》，试图把男女吵架的规律弄明白，里面写道，男人看起来很强悍，但是思维很直接，是典型的线性思维，而女人就不一样，是网状思维，呈发散状，想象力好。

因此，男人就弄不明白为什么女孩子在吵架的时候总是喜欢旧事重提，什么坏的词语都能想出来，就算是淑女吵起架来也像泼妇一样。

现在来分析一下，其实女孩子是这样的，她们通过极端的方法让男人在意自己。然后说出很多狠话，目的就只有一个，让男人知道，自己需要温柔的关怀。

反过来思考，其实女人也不明白男人吵架时候为什么会有这样的表现。女人的思维就是，我把你和其他人相提并论，只是因为我在乎你而已！但是男人就会觉得，你总是说别人怎么怎么样，那为什么还和我好？

在互联网的环境下，现在的用户正变得越来越女性化。女性化也并不是一个不好的词语，只是说当人们的生存需求得到满足之后，就会有更多情感上的追求，希望产品可以给自己带来个人品位上的满足，那么，产品所蕴含的情感越多，就会越受欢迎。而情感这个东西，只能去体会、感觉，不能用数字来解释。有一句俗语："客户就会挑毛病，其实他也弄不清楚自己到底需要的是什么"，说的就是这样现象。

还要说明的一点，这里所说的女性并不是就生理而言的，而是一种思想上的女性化，是潜意识中女性特征的思维。这种男女的性格，就如同左脑和右脑，理性与感性一样，就在潜意识当中，只不过外在表现的时候，总会有一个占据主导，男性思维就是这种主导，女性思维就成了潜意识思维。不过在现代社会中，随着自我意识的不断加强，还有越来越提倡个性，社会的主要思维模式已经发生了转变。这个思

维和每个人的环境、所拥有的物质条件都没什么关系，现在所谓的"屌丝"文化所提倡的"我不满意，我不在乎，我就是我"，就是明显的自我中心主义的思维模式。

女性思维天生就是偏向情感和体验的，好或者不好，痛快还是不痛快，没有复杂的逻辑判断，就是一种感觉而已，知道结果就好，不需要明白过程。

以前的营销手段是突出产品功能的独特性，卖点很明显，然后就是利用各种宣传渠道来进行产品宣传，最重要的方式就是广告，把产品卖了，营销也就完结了。但是现在看来，把东西卖出去还没有完，只是个起点而已，只有等到消费者说好的时候才是完结。

"放弃理性思维"

在实际当中，感性与理性看似不可融合。理性的人就生活在精准的计算当中，还认为自己很厉害，感性的人也对自己很满意，因为他们可以从微小的事情中得到启发。

不过如果是一个创业者的话，无论是哪种思维占据主导，他都要把两种思维模式掌握住，理性的思维让创业者做事情更精准，感性思维则使创业者感情更充沛。

发明微信的张小龙就是一个突出的例子。他有一篇名为《微信背后的产品观》的演讲，他的观点是，产品经理就应该运用感觉和感受，不应该依靠数字表格的计算，应该抛弃理性思维，产品经理要做一个文艺青年，而不是理性青年。要把产品经理这个职位做好，就要在极端现实与极端理想两种极端思维中取得平衡，然后把这两种思维融合在一起，把它们作为一个整体，剔除其中的矛盾，这样两种思维就不会再有冲突。

张小龙的想法看似极端，但是如果仔细思考，就可以发现，企业以前做出来的产品都太理性化了，都讲求精准，但是这种精密的逻辑还有理性的思维，造成的后果就是企业距离用户越来越远。放弃理性思维并不是说一点理性思维都不要，而是在理性思考的基础上，开发感性思维。这个要做到也不容易，但是只有做到这样，才可以拥有最佳产品经理应该拥有的素质——现实扭曲立场。

YCombinator的建立者保罗·格雷厄姆，被誉为震动硅谷的人。他在得到哈佛大学的计算机博士学位以后，就到一所美术学院学画画，然后就开始穷困的艺术生活，在这之后，又重新回归本行，坐到电脑前面，创立了Viaweb，之后被雅虎收购。他的想法是程序员的工作性质与画家其实没有区别，都是在进行创造，那么就要求程序员的思维和画家一样，能够考虑到使用的人的感受，这样才会做出完美的作品。

懂自己，更要懂用户

世上有两类非常优秀的产品经理，一类是了解自己，一类是了解客户。

如乔布斯这样的人就是前者，乔布斯是双鱼座的人，这让他更加具有艺术气质，他也如同摩西一样，是不世出的人物。他投入到产品中的热情还有自身的审美水准就标志着他做出来的产品就是完美的，是能够让客户痴迷的。在国内来寻找这样的人物，那就非魅族的创始人黄章莫属了，他也是有这样的气质，但是水准还达不到乔布斯那样，所以魅族还是魅族。

马化腾、张小龙、周鸿祎、雷军显然就都是后者。他们能够做到把自己幻想成一个用户，然后来得出用户的体验，并且能够做到在工程师和用户之间随意地进行角色的变更。当然，想要知道用户在想什么，除了敏锐的感觉和对人心理的把握，还需去实际地了解。公认腾讯的产品做得好，看看马化腾平时在做什么就知道了，凌晨1点还在和客户互动，这就是能做好的原因。

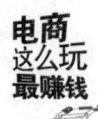

完成用户至上目标

遍观所有的营销理论，最简洁明快的就是2W1H模式，要想使用这个模型，就得弄明白3个问题，首先就是你的目标群是什么，其次这个目标群的需求是什么，最后是需要做什么来满足目标群的这个需求。不仅是品牌的运营可以使用这个模式，所有销售企业的经营都可以套用这个模型：

Who，就是企业的目标群是什么（市场的定位）。

What，这个目标群的需求是什么（制定品牌以及设计产品）。

How，怎么去满足这个需求（满足客户的体验，计划实施）。

那么在互联网的时代背景下，企业又要怎样来诠释这三个问题呢？

从市场的角度来研究，要寻找合适的目标人群，互联网的特点之一就是长尾经济，那么企业就要多关注长尾人群，因此有个口号叫"得屌丝者得天下"，这是有道理的戏谑之言。

从产品的角度来摸索，要关注的就不单纯是目标人群关于产品功能的需求，更要关注目标人群的情感需要，要很明白地知道他们最主要的需求是什么，能做到感同身受。互联网的使用者，大部分都是年轻人，他们的群体特征就是很自我，爱憎分明，而且想被别人倾听，他们喜欢和厂家保持互动并参与品牌建设。因此，企业的品牌建设离不开这些人，而且要让他们积极地参与进来，这就是所谓的卖的是参与的感觉。

就计划实行的角度来看，需要思考的就是用什么样的行动来满足客户的需求，互联网经济也是明显的体验经济，通俗地讲，就是用户的感觉是最后的结果。因此，在品牌建设的各个环节，都要把客户的感受放在第一位，包括售前的询问、售后服务、产品的设计与外形的设计给人的感觉、交易的平台、广告等，都可以影响客户的感受，那么在品牌建设的所有活动中，凡是与客户有交流的部分，都要把客户当

作上帝。

"线上"带动"线下"

面对风头日盛的互联网经济，传统行业必须屡出奇招，才能"拯救"自己。既然对手很受欢迎，不妨借鉴它的经验，做到"实体店"与"网店"同时开，采取"线上销售"的方式，相当于给"线下"产品做宣传，反之，又让顾客多了一种购物的选择，或是只在"线上"做广告，销售工作全部由线下完成。

以传统销售为主的企业，应当建立自己的网站，虽然很多企业做过这类尝试，却没有重视它，打开某某公司的网站，几乎找不到有用的信息，甚至只有简单的介绍，这样既起不到宣传的效果，也无法建立"线上销售"渠道，不妨认真去做一个企业网站，把它变成与顾客互动的平台，全面介绍企业的情况，并及时更新产品和活动信息，如果能够把它变成一座连通企业和顾客的桥梁，就能更好地维护客情关系。

对于实力雄厚的企业来说，完成这件事并不困难，然而，国内很多企业规模尚小，想要建立和维护好网站，可能有些困难。鉴于这种情况，商家应当保留网站中的"必要元素"，例如，企业简介、产品介绍、网上沟通渠道等。有些大型企业能够让网站更加丰富，并且及时更新，中小企业还无法达到这样的水平，应当重视企业网站的运作，尤其是重点环节，如新产品信息发布、优惠活动等，因为这些都是顾客非常在意的，商家若是做得好，就能吸引顾客的注意力。

G公司是一家专营汽车零部件的企业，虽然拥有较稳定的销售渠道，也掌握着不少老客户，但在市场竞争日益激烈的今天，G公司的业绩还是下滑了不少，面对这种情况，管理层决定"另辟蹊径"，通过互联网宣传带动企业的发展。

起初，G公司建立起企业网站，并高薪聘请技术人才，将网站尽可

能设计得漂亮些，公司有什么"新闻"，也会第一时间在网站上更新，一段时间过去了，确实有客户找上门，但效果并不可观。

这时候，有人提议开通网上咨询渠道：在网站上设立聊天窗口，同时和总经办的几个文员电脑连在一起，一旦有人点击，后台就能及时回应。

使用了这个方法，G公司又留住了不少顾客，直到有一天，某位客户的要求让该公司萌发了"网络销售"的念头。

这位顾客身处北方，他正需要G公司开发的一款产品，于是打电话过来，要求他们把该产品的检测过程制成视频，并发送给他，看完视频后，对方当即询问能不能给他们寄去样品，这一来二去，G公司依靠网络联系，完成了这一单生意。

有人说："不如用现在比较流行的网络交易吧，安全便捷。"老总觉得这不失为一个好办法，于是，在天猫商城办起了店铺，通过网络、实体两种销售方式同步进行，让G公司在短短半年内营业额就提升了30%。

可见，在互联网飞速发展的今天，传统行业可以通过将这个元素加入其中，形成"线上"带动"线下"的经营策略，既保存原有运营模式，也不断开辟新的销售渠道，然而，传统行业管理者也不能盲目地将两者结合起来，以免出现意想不到的麻烦，这个过程中，商家一定要找准时机，并清除阻碍两者"合并"的因素，简单地讲，就是传统行业要做好充分准备。

首先，商家要保证充足的资金，正因为电子商务前期投资较大，如果没有充分的思想准备，或是没能与股东们达成一致，很可能出现半途而废的情况。所以，商家要根据本企业情况，设计最适合自己的网络营销方案，从而保证收益。

其次，商家要对"线上""线下"共同经营有一个合理规划。与"线下"销售相比，传统行业在启用互联网初期，"线上"销售情况可能会不及预期，这就容易让管理者和股东们产生分歧，后者一定会想：投入这么多钱，却只获得这些利润，甚至没有利润，是不是错误的决策？

所以，传统行业管理者一定要拿出能够激活"线上"销售活力的方案，例如，为品牌造势、实行一定幅度的价格优惠、提供更便捷的服务等。

值得一提的是，"线上""线下"时常发生矛盾，尤其是面对热门产品，当所有人都将目光盯着畅销品，库存就会明显不足，商家把它们给任何一方都会让另一方产生异议。

想要解决这个矛盾，商家就必须先摸清产品的底细，做好储备计划，以免出现"线上""线下"争抢的情况。此外，大型企业还应顾及经销商的情绪，及时调整营销方案。

总的来说，让"线上"带动"线下"，是将传统行业与互联网的优势联系到一起，起到扬长避短的效果，只要商家能够整合好资源，这种方式就能起到预想的效果，反之，则会令"线上""线下"资源相抵触。

简约思维，重要的商业逻辑

"用户体验至上"是用户思维最重要的法则，而用户体验又大多基于产品之上，因此如何做好产品，将极大地影响公司的生存。当然这里的产品是广义的概念，包括有形产品和无形产品（服务）。产品战略

在互联网时代显得越发重要，无论从消费者角度还是企业等市场主体角度来讲都是如此。

传统的商业形态正不断地受到互联网冲击，消费者的话语权越来越强，大众的审美观在追求简单化，不用多费脑子思考的娱乐综艺节目、更直白的互联网沟通平台、直来直去省略中间环节的购物模式、有足够专业品牌支撑就希望尽量省事的产品说明，越来越成为一种趋势。

从消费者的行为来看，消费者的选择太多，选择时间太短，消费者的耐心越来越不足，转移成本太低（线下一家门店出来再进入下一家，线上只需要点击一下鼠标），所以，商家必须在短时间内抓住消费者。

简约成了互联网时代重要的商业逻辑。所谓简约思维，用一句老话就能概括："一切从简。"这句话在过去代表人的素养和修为，在今天则代表了企业在开发产品和服务上所展现的素养与修为。它包括三个要素：看起来简洁、用起来简化、说起来简单。

看起来简洁，还是一句话"一目了然"，一看便知所有的内容。把简单的界面呈现给用户，把简洁的产品提供给客户，把复杂的组织和逻辑留在背后。

用起来简化，又是一句话"一键到底"，用起来不需要忙于记住操作的循序、功能的位置，一键直达需要的功能，找到想要的界面。

说起来简单，一句老的广告语"一传十、十传百"，现在广告传播、品牌传播已经不再吃香。你提供的产品和服务，必须能够快速被客户看到价值，并能用简单的语言来描述进而传播。

想要做到简约，有两条法则很重要，一是专注，二是美。

法则一：专注，少即是多

苹果就是典型的例子，1997年苹果接近破产，乔帮主回归，砍掉了70%产品线，重点开发4款产品，使得苹果扭亏为盈，起死回生。即使到了5S，iPhone也只有5款。

品牌定位也要专注，给消费者一个选择你的理由，一个就足够。

最近很火的一个网络鲜花品牌RoseOnly，它的品牌定位是高端人群，买花者需要与收花者身份证号绑定，且每人只能绑定一次，意味着"一生只爱一人"。2013年2月上线，8月份做到了月销售额近1000万元。

大道至简，越简单的东西越容易传播，越难做。专注才有力量，才能做到极致。尤其在创业时期，做不到专注，就没有可能生存下去。

法则二：简约即是美

在产品设计方面，要做减法。外观要简洁，内在的操作流程要简化。Google首页永远都是清爽的界面，苹果的外观、特斯拉汽车的外观，都是这样的设计。

咱们做互联网的都想把更多的东西给用户，却不知道用户其实不想要全部的东西，只需要在他们需要的时候，才会想要某一种东西。

今天看一个产业有没有潜力，就看它离互联网有多远。能够真正用互联网思维重构的企业，才可能真正赢得未来。未来属于那些传统产业里懂互联网的人，而不是那些懂互联网但不懂传统产业的人。

长尾理论，俘虏大众才能得天下

如果企业想把互联网的用户群弄明白，首要目标就是那些被称为"屌丝"的人，还有由他们这些人组成的"屌丝"群。

"屌丝"这个词，最早的出处是百度贴吧。这个称呼是一个贴吧对另一个贴吧的恶搞叫法。当初谁也不会想到，就是一时的恶搞，让这个词火遍整个互联网，成了一个群体的称呼。

每一个时代都会造就两种人，一种就是我们所谓的成功人士，他们事业有成，活得自由自在，而另一种人，面对的则是重重压力，郁郁不得志，但是这类人也是有自己的理想和追求，他们渴望被关注，所以他们用与传统对立的方式，来证明自己的存在，渐渐地就成了一类被贴上坏标签的人群，这类人也是有明显的共性的。

首先，"屌丝"是互联网时代下的产物，而且也是非大众群体的名片。互联网的世界有一个独特的地方，就是互联网的世界是无中心的网状结构，虽然一切都是虚拟的，但是却因此正看重真实，把生活简单化，显得更自由、更无拘无束。现实生活中存在的壁垒，比如各种条条框框、各种压力，还有各种控制的层级结构，在互联网的世界里面，是根本不会存在的，甚至调侃的就是这些东西。因此，互联网就成了非主流最好的栖息地。

默多克曾经有一次说道，自己是后来才进入数字世界的，女儿是一开始就生活在数字世界，后来进入数字世界的人，他们的思维最擅长的还是现实世界里面的东西，而网络世界的生活，他们就搞不明白，这就是很多人不理解，互联网的人会自嘲、自讽，和传统格格不入的原因。

其实很多人对"屌丝"的评价，并不很准确，"屌丝"文化，也是一种社会变革中需要存在的声音，他们也需要生存的空间。的确，他们不属于主流的价值观，甚至还在和传统作抗争，但是只有这样社会才能进步呀。"屌丝"们确实没有很高的地位、很高的收入、优异的生活，但是他们主导了网络世界，在网络世界里面，他们可以很轻松地将传统或主流击得粉碎。

其实"屌丝"的出现，正是不同文化相互融合的一个契机。

不想逆袭的不是真"屌丝"。

没错，"屌丝"的生活就是很差，但是众"屌丝"也有自己的理想和追求，就好比"迷惘的一代"，或者"没有希望的一代"，在后来的社会中，他们证明，他们才是支撑起社会的中坚力量，他们只是暂时失意，认清现实但是不会认命，永远向前，充满活力，这才是真正的"屌丝"。

李毅是"屌丝"的偶像人物，现在任某足球队的助理教练，在任教之前是国家队的主力前锋。他从一个资质平庸的少年，最终变成了国足主力，很好地诠释了"屌丝"是怎样逆袭的。李毅作为"屌丝"中的明星，自然也颇有"屌丝"气息，在外人面前就把自己说得一无是处，自己也不在乎，反正已经这样了，然后再努力，有了成绩就是赚了，没有也不在意，反正已经差到无极限了，这就是众"屌丝"生活的心态吧，得了就是赚，不得也无妨，心态要好。

"屌丝"，是新商业的主流人群。

2013年有一个金融的会议，清华大学金融学院的副院长廖理就说到曾经让他的学生去试验余额宝这个产品，存了1000元进去，第二天赚了一毛八，底下的人都笑了，但就是这不起眼的一毛八，就用了半年时间，就席卷整个基金行业，吸收了千亿资金，发展了几千万用户，旗下的一只基金原来年年亏损，而现在是国内最牛的国币基金。

余额宝的成功就来源于众"屌丝"的支持，这款在"屌丝"眼中的理财神器，其实最开始的设想就是来给"屌丝"服务的，仔细看余额宝的资金，虽然数量庞大，但是用户群也很庞大，平均算下来，每个客户的钱也不过区区几千块，放在传统的基金公司，很可能人家都不理你，因为赚的很可能还收不回成本呢。

余额宝的出现，带给整个金融业一次大的冲击，同时也展现出互联网的巨大优势，还有"屌丝"一族的强大力量，虽然每一个"屌丝"的

经济实力都不行，但是聚集在一起就非常恐怖了，这也是互联网世界经常可以见到的事情。

就拿百度、腾讯、阿里巴巴互联网三巨头来说，百度有它的贴吧，作为用户群的支撑，在微博、微信成气候之前，贴吧才是互联网社区的老大，阿里巴巴就不用说了，淘宝里面可是有几百万的店铺呢，QQ就更不用废话了，光空间就有几亿个，如果利用空间销售，小米的手机要卖出100万的销售量也就是30分钟的事。

还有其他诸如六间房、9158等网站，它们能够快速地占据市场，获得成功，就是因为它们满足了"屌丝"一族的需求。

在以前的时候，人们花钱很大程度上是满足自己的虚荣心，去炫耀，那么就会去追求高档、大气，不怕花钱，那么企业也就很自然地制定出高端大气的产品，让消费者看起来与众不同、品位非凡。但是这种价值观，是众"屌丝"所不屑的，认为这就是在卖弄，如果你本身不是上层人，却硬生生地把自己打造成那种人，那就只会遭到"屌丝"一族的耻笑而已。像史玉柱那种人，都肯降低身价，来与"屌丝"们互动，就能显示出"屌丝"一族的实力，如今的市场真的是得"屌丝者"得天下。

用互联网的思维来审视"屌丝"现象，其实就是一种长尾经济，虽然个体的购买实力不行，但是数量太大了，完全可以弥补个体购买力的不足，最终使整体的购买力变得很强大。根据数据显示，中国的"屌丝"人群数量达到5.26亿，这个数字就显示，中国近半的人都是"屌丝"。

用户体验就是要有感觉

何为实实在在的用户体验？好多人都知道这个词，但是却没有几个人真的了解这个词。企业应该去好好反思一下，真的是为了用户着想去开发产品或者提供服务吗？真的了解客户从买东西开始到使用商品之后，这中间的所有感受和做法吗？真的了解客户需要什么吗？企业

还可以为客户做些什么，除了提供产品满足他们的需要。

用户的体验是一种感觉，是客户在整个购买行为中所产生的感觉。如果想让客户有好的感觉，就要把工作做细，注重细节，并且让客户感觉到企业的体贴，这种意外的惊喜，这样好的用户体验才是客户想要的。

打个比方说，人们在看网页的时候，不管他上网做什么，看微博也好，购物也好，都要有一个固定动作，那就是来回翻页，因此有人就琢磨出了一套新的看网页的方式就是像瀑布一样，页面不断地向下滚动，不断更新，没有了页面的存在，都在一页上呈现，这样，用户也就不用来回切换，就避免了麻烦，这个例子就是制作网页的人根据客户感受作出的改进，让客户更方便快捷地使用。

"1号店"，网购的人都很熟悉的一个名字，它可以抢占市场，取得成功，最关键的原因就两个：一个是供应链的改进，一个是注重客户的感受。

1号店的具体做法首先就是让直面用户的员工去进行客户感受的优化。最早的时候，创建客服部的主管亲自给客服培训，让他们去站在客户的角度来思考问题，甚至是站在公司对立的一端来想。

其次，员工的绩效中添加客户体验的评价，在进行绩效评价的时候，聘请专业的第三方机构来对客户进行调查，看他们的感觉如何，然后把每个员工的绩效奖金都与客户的感受挂钩，如果客户的感觉好，员工就能拿到绩效奖金，反之就拿不到，甚至要扣钱。

最后，制定相关的制度来梳理客户的反馈并进行解决。每周都会有周会，在周会上，一开始就是听客户的反馈声音，展示客户感受的调查结果，把客户觉得不满的地方拿到桌面上来讨论，让所有的人知道还有什么地方做得不够好。1号店的所有高管，都要有一个固定的时

间，去实际地干仓储、配送、客服的工作，然后针对自己的亲身体验所发现的问题提出解决方案。

把客户的感觉纳入绩效考核，这样的做法，传统的企业都可以学一学。在企业销售和服务的流程中，哪一方面是客户看重的，那么这一方面就是企业需要关注的，这些方面做得怎么样，怎么改进，未来怎么做得更好，都是企业需要思考的问题。

创立360的周鸿祎曾经说道："用户在买了或者得到企业的产品以后，企业与客户的交流才刚开始，企业巴不得以产品为桥梁，让客户时时刻刻都了解到企业的动态，知道企业的事情，感受你的价值。"

用户的不同感受，这是互联网与传统行业最大的不同，也是互联网占领传统市场的最大武器。

免费的是最好的

在互联网中可以经常看到免费的产品或者服务，这不是噱头，而是在网络时代出现的新的经营模式，其实免费也不是互联网独有的手段，但是互联网却把这种手段运用到了极致，免费是收费的基础，而不再是宣传的噱头。

在经济学中，有一个定律：在完全竞争的市场中，一个产品的价格随着时间的推移会越来越接近产品的边际成本。边际成本的概念就是产品每多生产一个，总的成本会因此增加多少。一般来说，产量越大，总成本增加量会越低，边际成本也会越低，这就是所说的规模效应。

规模效应在工业时期就得到了证明，规模越大，每个产品所需要负担的成本越低。这点上采购的人是最清楚的，买100个产品的单位价格与10000个的单位价格肯定不一样，而且前者肯定高于后者。在生产中，有的成本避免不了，比如前期建厂的投资、流水线的建造，这些成本都是要算到产品中去，自然产品造得越多，每个产品分摊得越少，如果真的是无限制造的话，那么每个产品分摊的固定成本就趋近于零，产品的成本就只剩下非固定成本。比如用于水电、原材料等的费用。

而数字产品就不是这样的，数字产品的成本大部分来自前期的研发和设计，只要把产品做出来，传播的成本是非常低的。拿现在比较流行的微电影来举例，一部微电影，大部分的时间和成本都是寻找灵感还有形成独特的创意，接着就是拍摄和剪辑，这些都完成之后，传播和发行的成本几乎是没有的，把完成的电影上传到视频网站，自然会有很多人能够看到。传闻微软当年研发Windows95花了2亿多美元，所以第一份产品就承担了大部分的成本，接下来的复制，发行几乎没有成本。那么就可以看出来，数字产品的固定成本非常高，但是边际成本非常低。再比方说杀毒软件，开发这个软件需要很长的时间还有资金，这些都算是固定成本，但是制作出来之后，传播和复制几乎没有成本，用户自己去网站下载安装就可以，下载量的多少对于企业都是一样的（服务器和宽带也需要花钱但是非常少，可以忽略）。因此，如果一个软件的用户达到一定的量，那么这款软件的边际成本就可以被认为是零。说白了就是如同360这样的企业，用户数有几个亿，那么真的就是不在乎一个人的存在，有一个客户和没有这个客户都是一样的，360杀毒的边际成本都是零。

这样看来，数字产品不收费也是有道理可循的。

数字产品的固定成本非常高，边际成本又非常低，那么企业就必须大量地销售产品，来获得规模效应，从而得到非常低的边际成本。一旦企业通过销售，达到了得到边际成本的销售量，产品的成本达到边际

成本，那么就会给企业带来非常丰厚的利润。所以，就算是微软为了开发软件花了2亿多美元，但是由于销量的数量非常庞大，使得产品的边际成本趋近于零，这样就使得微软从中赚了大钱，而且微软的其他产品赚钱也是这样的手段，几个产品加起来的收入就撑起了微软帝国。

把数字产品继续拆分，分成互联网产品和软件，就可以看出互联网产品更加适应免费的模式。互联网的产品一般都不会是一件件地去卖来赚钱，互联网产品的赚钱模式更悄无声息，软件这样的产品，还得需要通过实际的销售，让客户来买，互联网不是这样的，互联网产品靠流量赚钱。不管是利用广告还是增值服务来赚钱，背后的根本还是大的流量，而不收费就是赚取大的流量的最好办法。

注意力经济时代的宠儿

人们在利用互联网的时候，不管是使用互联网的产品还是服务，所要支付的成本都是很低的，因为没有了传统产业链中的物流、仓储、回收等环节，人们在互联网产品或服务中所花费的成本只是搜索和学习，都很低。因此，互联网产品的创业者都会利用免费的模式来吸引客户是一个很好选择。

这样的现象背后的原因就是，在互联网的时代，注意力成了稀有资源。Michael H. Goldhaber在1997年就提出了"注意力经济"这样的理论。随着信息时代的发展，信息的量已经越来越大，在PC时代就是这样的情况，在移动互联的时代，这样的情况会更严重，各种各样的信息扑面而来，严重过剩；人们可以很容易地获取大量信息，但是如果想要在海量的信息中寻找到自己想要的，就要花费很多的时间和精力，这种花费的时间和精力就是注意力的缺失。

正是由于注意力稀缺，所以互联网的创业者尽可能地抢夺注意力资源，前面说过，互联网中最重要的赚钱工具就是流量，而流量也可以被看作注意力，只有拥有了大量的流量，才有基础来创造企业的经营模式，依托互联网赚钱，就是在获得大量注意力的基础上，创造价值，然后来赚钱。而获得注意力最好的办法就是免费。

用户对免费是什么态度

人们对待免费的态度也会由于场景的不同而不同。

比如一直就是免费的产品，在人们的意识中，就认为这个产品不应该收费，如果收费了，人们就会很不爽。比如百度的搜索服务、高德的地图服务都是免费的，如果某个企业推出的搜索服务或者地图服务收费，那么人们有很大可能是不会去关注的，除非这个产品做得特别完美，因为人们要付出更高的代价。

而一直收费的产品，如果突然不收费了，人们也会有不同的做法。比如小超市，如果宣布里面的商品都不要钱了，那人们就不敢买了，因为人们会觉得超市的这些东西会有问题；而在大超市，这样的情况就不太会出现。会不会出现不敢买的情况，就在于人们对企业的认同度和信任感，如果人们很信任一家企业，如果这家企业的产品不收费了，那人们一定会疯抢的。

当然，总体来讲，人们还是对不花钱的东西更感兴趣。这种现象很像是物理学上的势能，免费和收费之间就有一个势差，如果从收费转向免费，就像是从上到下的自由下落，人们会觉得很舒服；但是从免费到收费，就像是克服地心引力一样，客户就觉得不愿意，除非是企业可以让用户认识到收费之后的产品或服务会更好。收费和免费之间，就算是一分钱，都是差距，有的时候就是这一分钱，客户就不会选择你的产品。美国的一位教授认为这种差距就是心智交易成本，因为人们要重新评估企业的产品价值，就算只有一分钱。而如果是免费的，人们就不用花心思了，这个成本也就不存在了。

都免费了，企业是怎么赚钱的？

当然所有人都明白，免费只是障眼法而已，企业都是要赚钱的。所

提供的免费产品或服务只是用来拉拢客户的手段。在缺乏注意力的现今时代，企业的已有模式是否精妙，就取决于企业的模式能否在免费的外表下寻找到挣钱的途径。

有几个案例可以用来分析，看看现在的企业都是怎么赚钱的。

1.基础功能免费，增值部分收费

免费模式最经典的形式就是用不收费的基础功能来拉拢客户，然后通过利用增值服务来挣钱。增值服务其实就是一种更优质的服务，因为基础服务对于大部分人就已经够了，但是肯定会有人想要更好的服务，就像是在车站等车，大厅就是免费的等车场所，而一些人喜欢享受，追求舒适，就会想去收费的更舒服的候车室，一边喝茶，一边等车。而把这样的休息室建成候车大厅，又没必要，因为想要去休息室的人总是少数。

对于一款产品来讲，就算是99%的人都不想花钱，只有1%的人愿意花钱，但就是这1%的人就可以支撑整个业务。

这样的案例也是有的，人们经常用的迅雷，就是这样的一个产品。

迅雷是很多人都会使用的一款下载软件，人们可以从网上下载并安装，安装成功时候就可以享受迅雷免费的下载功能。用迅雷来下载东西，确实可以提高下载速度，人们想要的也是这样的结果。所以自从迅雷推出，就有很多的人成为迅雷的用户。

到了2009年，迅雷就通过免费的功能拉拢了数亿的用户，之后迅雷就开始建立会员制，为会员提供更好的服务，用这样的服务来赚钱。比如普通会员可以消除广告，享受更快的下载速度，白金会员在普通会员的基础上还可以在线播放种子视频，享受更稳定快速的下载；最高端的钻石会员还可以享受用手机下载加速的服务，当然这三种会员的价格也不一样，从低到高。会员制建立了一年，迅雷的付费用户就达到了100万。

根据数据显示，到了2012年10月，迅雷的收入增长已经3年都接近100%，使用互联网的人中有70%的人都是迅雷的用户，用户数量达到3.27亿，会员的人数达到350万。从2009年到2011年，迅雷的收入翻番往上涨，2012年也是同样。

QQ会员，也是基于这样的想法。

2.这个产品免费，那个产品收费

如何确定收费的业务和免费的业务，对于企业来讲是要花心思去琢磨的。如果免费的功能过少，那么客户就不会来使用，流量就会少，而免费的功能多了，那就不会有人愿意花钱使用了。

还有一种挣钱的办法，那就是一款产品完全免费，所有的功能都不收费，这款产品的作用就是用来吸引客户，形成自己的客户群，然后再推出另一款产品去挣钱。

当然这两个办法既是独立的，又可以融合到一起，尤其是产品种类很多的企业。

小米曾经推出了一款移动电源，只要69元，让很多的竞争者觉得惊讶，但是小米也没指着用移动电源赚钱，真正赚钱的是移动电源的硅胶套和彩色外壳，而小米的用户群也很喜欢这样的附加产品，就这样连带销售，随着产品越卖越多，移动电源的边际成本就会越来越小，赚的钱自然也就越来越多。

3.个人客户免费，第三方收费

前面所说的赚钱方法都是让小部分人来为增值产品或服务买单，而因为客户群的数量巨大，就算是只有1%的人付费，利润也很高了。除此之外，还有一种赚钱的方法，就是让第三方付费，个人用户不花钱。这其实是一个很老的套路，在互联网发展初期，各个网站也都是靠各种广告来赚钱的，上网浏览的用户是不收费的。

　　说起这个就不得不提一个人和一家企业，那就是周鸿祎和奇虎360，这个人和他的企业为互联网注入了一些另类的东西。这种特色也让360高速发展，把免费模式搞得非常透彻，让人佩服。

　　早在2009年，360软件中心就开发出一款杀毒软件，这款软件的独特之处就是完全免费，下载、安装、使用、升级全部不要钱。

　　而在此之前，所有的杀毒软件都是收费的。而在推出杀毒软件之后，360又趁热打铁，相继推出了多种软件，涵盖了电脑使用的各个方面，当然这些也都是免费的，免费的产品越来越多，种类也越来越齐全。2013年，各大网站都开始推出云网盘，360自然不会坐在一边看戏，推出了免费使用的无限空间网盘，让网盘的大战就此而止。

　　可能有人会纳闷，企业的产品都是免费的，都不挣钱，光赔钱，做慈善呀。可是360就是赚钱了，而且赚得不少，据数据来看，2012年全年，360的收入是3.29亿美元，净利润4000多万美元。那么问题就出来了，360靠什么来赚钱呢？

　　其实说白了很简单，360就是靠开放平台，依靠360导航等自有软件和游戏还有第三方的网站、软件来赚钱。说得再通俗些，就是靠免费的产品来吸引客户使用，积累人气和流量，然后再吸引第三方的网站和企业进平台来挣第三方的钱。

　　在360推出杀毒软件之前，这个市场被金山、瑞星和江民三家控制，而360的免费产品，让这个市场再起波澜，也搅得这三个杀毒巨头不得安宁，瑞星和金山面对着360也不得不让步，做出了永久免费的承诺。而这样的搅局，让360赚得锅满盆满，获得了大量的用户。来看数据，2013年，360的用户数量达到4.57亿，覆盖到95.8%的上网人群，手机用户数量达到2.75亿，浏览器用户数达到3.32亿，覆盖了69.6%的用户。

　　对于互联网的产品来讲，流量就是最根本的。360已经拥有了大量

的用户，当然能赚到大钱。2013年第一季度，360的收入是1.1亿美元，其中网页游戏这样的增值业务挣到了4000多万美元。搜索虽然推出的时间不长，但是已经可以看到有明显的收入进来了。360的搜索业务在2012年才推出，就是这样，也没用多少时间就成为中国第二大搜索引擎，到了2013年3月，搜索业务的市场份额已经占到了全部市场的14%。360还有其他的增值业务，比如广告等，有了大量用户和流量的支持，赚钱是很正常的。

对于现在的互联网企业来讲，最主要的就是客户和流量。只要拥有了大量的客户和流量，赚钱的形式有很多，看看360就知道了。

在还没有有线电视的时候，就已经开始有第三方收费的情况了。那个时候看电视不花钱，但是电视台还是会向企业收取广告费，企业用电视来做广告。等有了有线电视，看电视也要花钱了，个人用户和企业都要向电视台付钱，这就与原来的免费不一样了。而现在，网络电视正在逐渐取代传统的有线电视成为主流，小米等企业都研发了自己的电视盒，恐怕电视以后又不用花钱了。

4.个人客户免费，企业客户收费

让企业作为客户来买单，用这些钱来弥补提供个人客户免费服务所带来的成本进而赚钱，也是企业经常的做法。

网易在2000年发布了自己邮箱产品，从2003年开始，这款产品就一直保持着电子邮箱市场份额的头名，到了2013年的9月，网易的邮箱用户数量已经接近6亿。

而早在2002年，电子邮箱市场就开始有企业向用户收费，掀起了一股电子邮箱收费的浪潮，但是网易没有贸然跟风，还是坚持免费，结局显而易见，收费的企业市场份额越来越少，而网易的市场份额越来越大。

在2009年，网易推出了自己的企业邮箱产品并收取一定的费用，当

然，收费的多少也代表了邮箱配置的高低。

等到了2013年第三季度，网易的邮箱等业务收入已经过亿。

免费要遵守的游戏规则

1.虽然免费，但产品本身要过关

免费的产品对于客户来讲，选择的成本很低，转移的成本也很低。如果说人们花了很多钱买了个东西，就算是这个东西不好，客户也不会轻易退货的。而在网上，客户使用企业的产品，只要感觉不好，就会去看别的产品。想要达到好的免费的效果，就必须看重客户体验，给客户好的感受，有的时候免费产品的客户体验要做得比收费产品还要好。

利用免费模式赚钱，360也走过弯路。早在2008年，360就推出永久免费的杀毒软件。但是这个软件并不是360自主开发的，而是买了国外的一个杀毒软件，汉化之后就推出了。这款商品上线之后大部分的评价都是负面的，说这款产品不好用。这就让360很尴尬，本来想着弄点新鲜的东西，结果是搬石头砸自己脚，而且传统的收费杀毒软件也利用此事大做文章，来印证"免费没好货"的说法。

这一切360都看在眼里，也明白了，免费并不能决定一切，也不是客户选择的唯一标准。产品才是关键。因此，在随后的时间里，360开始了从内到外的变革，提升自身的技术实力，改进产品的操作界面，让产品越来越简单，使用起来越来越方便，而且更加注重客户体验的打造，尽量给客户好的感觉。在韬光养晦一年之后，360推出了属于自己的杀毒软件，市场反映效果很好，用了短短4个月，360的市场份额就超过了瑞星，让杀毒软件市场的格局发生新的变化。

2.免费是最昂贵的

免费模式也并不适合所有的企业，也许要依据产品、资源、市场来具体分析。

　　企业要想运用免费模式，就必须有大量的资金储备，否则企业就要被免费拖垮了。而且现在互联网的竞争日益激烈，想用很少的钱就取得很好的效果几乎不可能，仅仅是营销所需要的成本就很高。360通过三次融资，拥有的资金量达到5000多万美元。

　　而且免费模式更要求企业的经营者具有战略眼光，知道哪个领域可以赚到钱。因为免费只是个手段，赚钱才是企业的目的。如果就是搞免费，不知道怎么赚钱，再大的企业也会渐渐入不敷出。

　　现在的互联网企业有很多，尝试免费模式的也有很多，但是真正做起来的不多。人们更多的是看到了360等企业现在的辉煌，但是在这个模式中死掉的企业数量也是很可观的。就像前几年被大家所熟知的超级兔子和优化大师，现在都已经没人提了。所以企业的眼光只有看得更远，并且能够察觉到市场动向和潜在的机会，才有可能活得更久，做得更大、更强。

　　免费也是可以成为一种习惯的，如果让用户养成不花钱的习惯，那么再想让他们花钱就很难了，因此免费模式也不能轻易实行。现在的互联网市场，免费模式逐渐成为主流，但是要想运用免费模式，也是有条件限制的。

　　（1）规模：企业运用免费模式想做到费用转移——把免费业务的成本转嫁达到赚钱的业务上，就必须有足够大的规模，否则就没有那么庞大的客户群来付费维持企业运营。这就是那么多实施免费的企业，到最后只有几家做得好的原因。就好比搞网游，都是免费的，但是如果没有大量的人来玩，肯定赚的没有赔的多。

　　（2）质量：免费的产品或服务不能以降低产品或服务的质量来做，甚至要比收费的更花心思，质量更好。这样的产品或服务的提升，要不就是依靠企业技术的优势，就像谷歌搜索，要不就是依靠企业的专业优势，就像名牌的网络课程。

（3）资金：免费模式的前期需要投入大量的资金用于抢占市场，进行宣传，要不然，免费就没有任何意义。就如同京东商城卖书都是有打折的，苏宁易购卖书还有不要钱的活动，都是这个道理。企业免费模式的资金一方面就是继续压榨上游的供应商，一方面就是自己掏钱来垫付。

一旦企业的资金链出现问题，这样的免费模式立刻就会崩溃，完全抗不住，很多的企业都是被这样活活拖死的。